Perrottet

I Ging
Bilder der Wandlungen

Oliver Perrottet

I Ging
Bilder der
Wandlungen

Anleitungsbuch

Aus dem Englischen von Hanna Moog

Diederichs

Die Originalausgabe erschien unter dem Titel *The Visual I Ching*

© Eddison/Sadd Editions 1987
© Oliver Perrottet 1987 für Text und Karten

CIP-Titelaufnahme der Deutschen Bibliothek

Perrottet, Oliver:
I-ging : Bilder der Wandlungen ; Anleitungsbuch / Oliver
Perrottet. Aus dem Engl. von Hanna Moog. – München :
Diederichs, 1991
Einheitssacht.: The visual I-ching <dt.>
ISBN 3-424-01061-8
NE: I-ging

© der deutschsprachigen Ausgabe Eugen Diederichs Verlag,
München 1991
Alle Rechte vorbehalten

Satz: Uhl + Massopust, Aalen
Druck und Bindung: Mandarin Offset, Hong Kong

ISBN 3-424-01061-8

Printed in Hong Kong

Inhalt

Die Ideen sind dargestellt in Bildern
die Bilder sind erklärt in Worten

Hängen wir uns an die Worte
so verstehen wir die Bilder nicht
Hängen wir uns an die Bilder
so verstehen wir die Ideen nicht

Haben wir die Bilder verstanden
können wir die Worte vergessen
Haben wir die Ideen begriffen
können wir die Bilder vergessen.

Wang Pi (226–249)

EINLEITUNG

Als ich dem I Ging zum erstenmal begegnete, war ich gerade 22. Ich kannte Leute, die von Zeit zu Zeit die Münzen warfen und anschließend das Ergebnis in einem Buch nachschlugen, das ihnen angeblich Antworten auf ihre ganz persönlichen Fragen gab. Auf meine Frage, wer denn das Buch geschrieben habe und wie die Sache eigentlich funktioniere, konnten sie mir keine Antwort geben, es kümmerte sie auch gar nicht; sie wußten lediglich, wie man das »Orakel« befragt. Ich konnte mir nicht vorstellen, wie sie sinnvolle Antworten aus einer Quelle gewinnen konnten, die sie wie ein schlichtes Kochbuch benutzten, und das gefiel mir nicht an der Sache. Wenn es wirklich ein »Weisheitsbuch« war, mußte man doch sicher mehr tun, als nur einige Münzen werfen, um seiner Weisheit teilhaftig zu werden?

Ich maß der Angelegenheit keine große Bedeutung zu, bis mir eines Tages ein Verwandter einen Zeitungsausschnitt zeigte, den er für mich aufgehoben hatte, weil er wußte, daß ich mich für »chinesisches Zeug« interessierte. Es war die Besprechung einer I-Ging-Übersetzung, die gerade erschienen war; mitabgebildet war eine ganze Seite seltsamer Zeichen, die jeweils aus sechs waagerechten Linien bestanden. Einige Linien waren durchbrochen, andere nicht, aber jedes Zeichen schien anders zu sein als der Rest. Offensichtlich lag diesem obskuren Buch eine Symbolsprache und vermutlich auch eine Struktur zugrunde.

Sofort kaufte ich mir ein Exemplar der neuen Ausgabe und begann mit dem Studium. Aus dieser Einführung und aus anderen Quellen sowie meinen eigenen Schlußfolgerungen lernte ich das I Ging – Das Buch der Wandlungen, kennen.

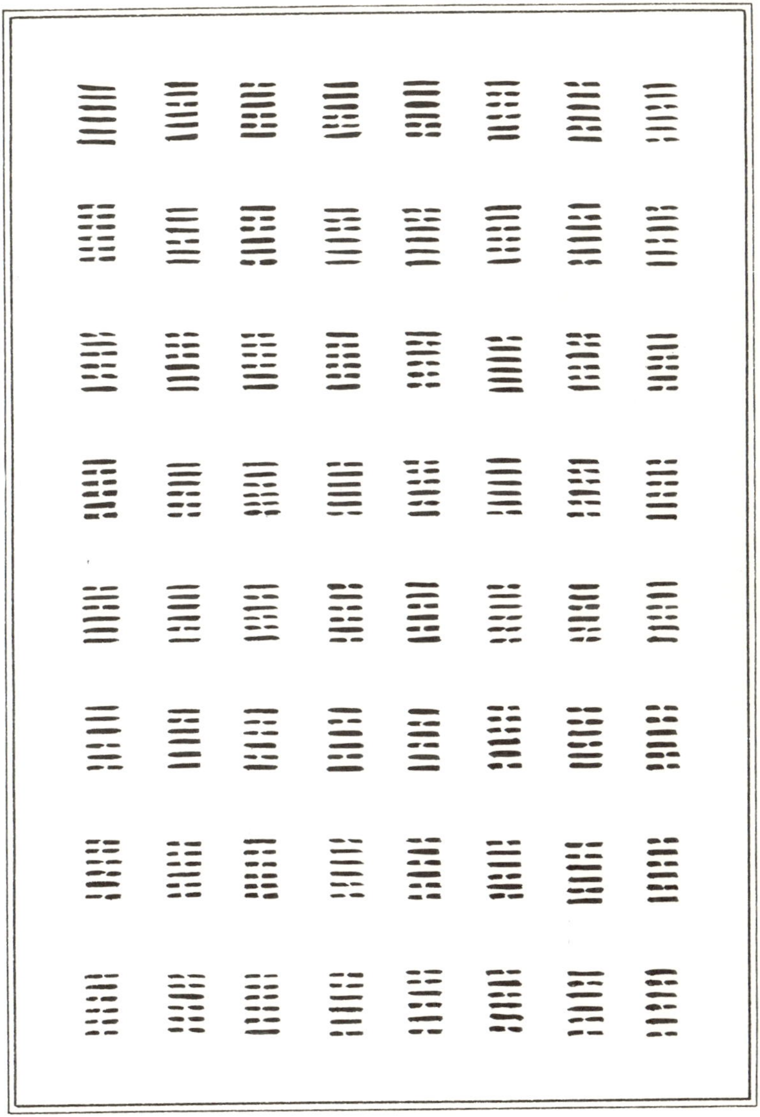

Wie es gewesen sein könnte

Vor einigen tausend Jahren machten sich die Weisen im alten China daran, ein System aufzuzeichnen, das die Menschen in die Lage versetzen sollte, sich die Veränderlichkeit aller Dinge zu erklären und die Gesetzmäßigkeiten zu verstehen, die bewirken, daß die Dinge in einer bestimmten Weise geschehen. Durch die Beobachtung der Natur kamen sie zu dem Schluß, daß die ganze Welt in ewigem Wandel begriffen ist und daß aller Wandel in gewisser Weise auf das Zusammenspiel von zwei Urkräften zurückgeht: *Yin* und *Yang.*

Yin ist
das passive, weiche, dunkle, weibliche Prinzip

Yang ist
das aktive, starke, lichte, männliche Prinzip

Yin und Yang stehen für alle Gegensätze in dieser Welt. Sie sind einander entgegengesetzt, doch zugleich kann keines für sich allein bestehen, so wie es keinen Tag ohne Nacht gibt und keinen Frieden ohne Auseinandersetzung. Sie ergänzen einander und bilden zusammen eine neue Einheit. Diese Beziehung wurde durch ein Symbol zum Ausdruck gebracht: ein Kreis, dessen eine Hälfte hell, die andere dunkel ist. Die kontrastierenden Punkte deuten an, daß jede der beiden Hälften auch ihren Gegensatz beinhaltet. Daraus entsteht die gegenseitige Anziehung.

Die geschriebene Form für die beiden entgegengesetzten Kräfte ist die Linie: eine durchbrochene Linie für Yin, eine ungebrochene für Yang.

Auf dieser Grundlage wurden die Gesetze der Polarität formuliert: zu jeder Einheit gehört eine entgegengesetzte Einheit. Die beiden ergänzen einander und bilden zusammen auf einer höheren Stufe eine neue Einheit. Auch diese findet wieder ihre Ergänzung, mit der sie auf einer weiteren Stufe wiederum eine neue Einheit bildet, und so weiter. Umgekehrt kann jede Einheit in zwei sich ergänzende Einheiten aufgeteilt werden, von denen wiederum jede in zwei geteilt werden kann, und dieser Vorgang läßt sich unendlich fortführen.

Das verzweigte System, das bei dieser fortwährenden Teilung entsteht, machte es den Weisen möglich, die Komplexität der Dinge auf eine einfache und verständliche Polarität zu reduzieren.

Die Teilung der zwei Urkräfte bringt vier Kräfte hervor: Yang wurde in Yang/Yang und Yang/Yin geteilt, Yin in Yin/ Yang und Yin/Yin. Geschrieben sieht es dann so aus, daß der ersten Linie einfach eine zweite oben hinzugefügt wurde.

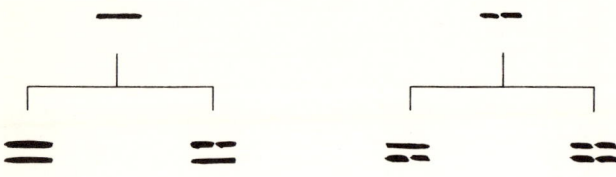

Die entstandenen vier Zeichen wurden mit den vier Him-melsrichtungen assoziiert.

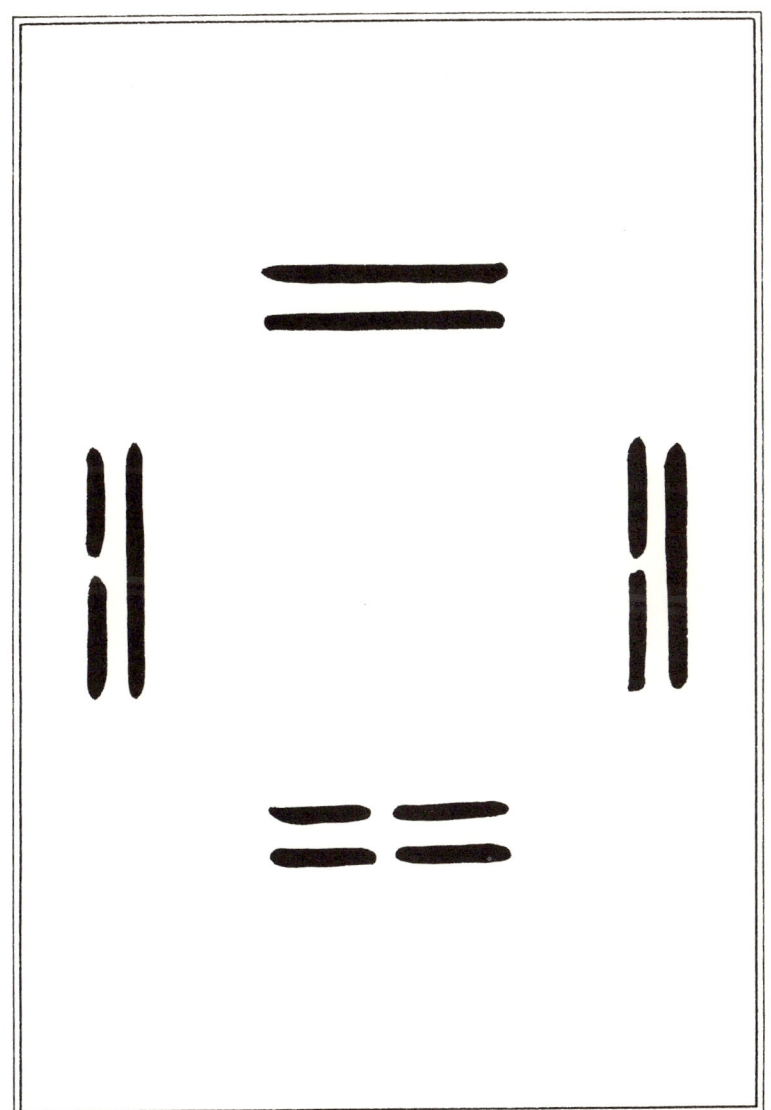

Um das System weiter zu verfeinern, wurden die vier Kräfte noch einmal geteilt: So verzweigte sich Yang/Yang zu Yang/Yang/Yang und Yang/Yang/Yin, und so weiter. Es wurde also eine dritte Linie hinzugefügt, so daß acht Zeichen, die sogenannten *Trigramme* entstanden.

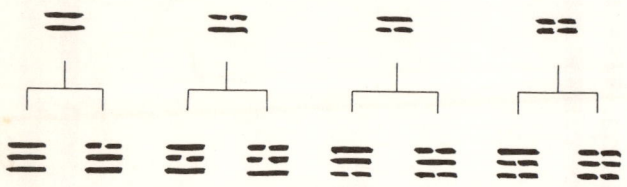

Die Weisen benannten die acht Zeichen nach der Natur: Himmel und Erde, Feuer und Wasser, Donner und Wind, Berg und See. Alle Erscheinungen der Welt konnten in dieses Schema eingeordnet werden, und es bedurfte zunächst keiner weiteren Verfeinerung. Die Schüler konnten sich daranmachen, die Bedeutungen der Trigramme und ihre Anwendung auf das Leben zu studieren.

Hinweis
Alle Zeichen des I Ging werden von *unten* nach *oben* gelesen, und im Falle der Kreisanordnung von der Mitte aus betrachtet.

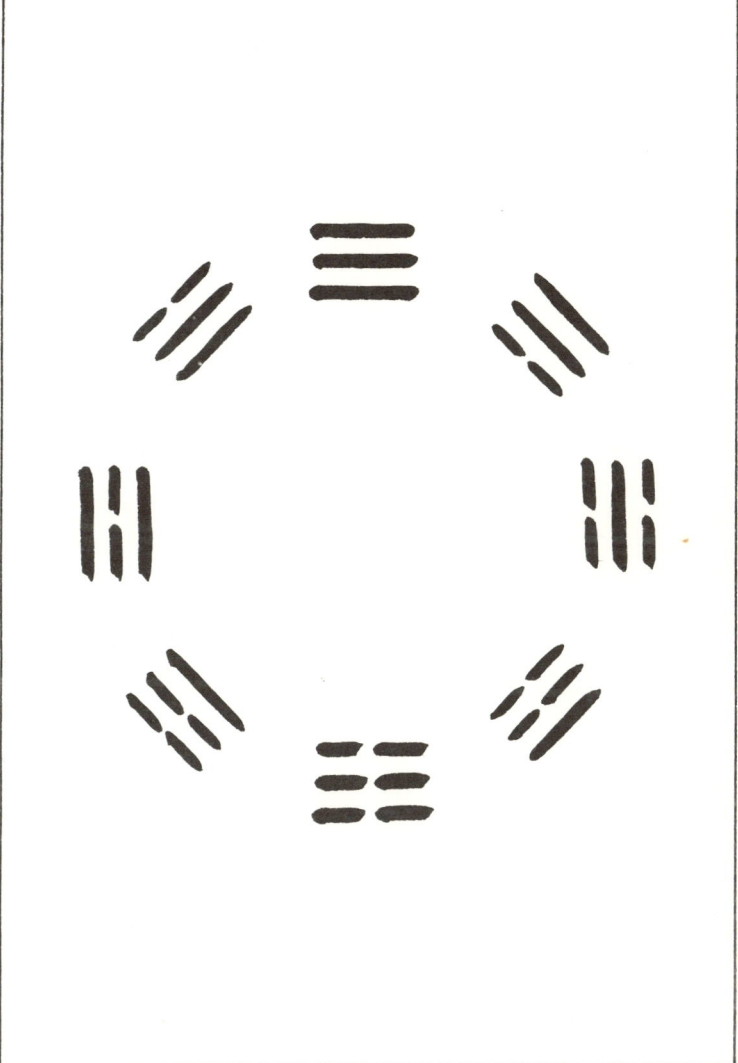

Da aber eine Kraft allein keinen Wandel bewirken kann, gingen die Schüler bald dazu über, die Trigramme zu kombinieren, indem sie sie übereinander stellten. Auf diese Weise konnten 64 Kombinationen gebildet werden.

Nachdem ich dies gelesen hatte, sah ich mir die Abbildung in der Zeitung noch einmal genau an: Es waren tatsächlich 64 Zeichen zu je sechs Linien, sogenannte *Hexagramme* (vgl. S. 9).

Es heißt, der legendäre König Wen habe als erster alle 64 Hexagramme aufgestellt und jedem einen Namen gegeben und damit den Grundstein zum Buch der Wandlungen gelegt. Die Weisen und die Herrscher der nachfolgenden Generationen vertieften sich in die Symbole und ihre Bedeutungen und gelangten so zu immer weitergehenden Interpretationen. Die Herrscher gingen dazu über, das I Ging um Rat zu fragen, wenn es um die Lenkung ihrer Staatsgeschäfte ging.

Im Laufe der Jahrhunderte wurden den Texten neue Erkenntnisse in Form von Kommentaren beigefügt. Der große Philosoph Konfuzius war einer der zahlreichen Autoren, die zusätzliche Texte verfaßten. Als er schon ein sehr hohes Alter erreicht hatte, soll er erklärt haben, daß wenn er weitere fünfzig Jahre zu leben hätte, er sich ausschließlich dem Studium des I Ging widmen würde.

Das Buch mitsamt allen Kommentaren wurde in immer weiteren Kreisen bekannt. Es überlebte eine große Bücherverbrennung (um das Jahr 220 v. Chr.) und verkam allmählich zum Instrument volkstümlicher Wahrsager. Das führte unvermeidlich zu einer Flut von neuen Kommentaren und Hypothesen. Die ursprünglichen 64 Hexagramme und der knappe Text, den die alten Weisen beigefügt hatten, drohten in billiger Jahrmarktswahrsagerei unterzugehen.

Doch im dritten Jahrhundert n. Chr. gebot Wang Pi, ein Schüler, der bereits mit 23 Jahren starb, dieser Entwicklung entschlossen Einhalt. In seinen Schriften legte er dar, daß der Wert des I Ging nicht in seinem Reiz als Wahrsagebuch lag, sondern in den 64 Hexagrammen und den Ideen, die in ihnen verborgen lagen und die sich letztlich jeder selbst erarbeiten muß.

Als ich dies las, empfand ich große Sympathie für den jungen Schüler. Hatte ich nicht selbst genau dasselbe Gefühl dem I Ging gegenüber gehabt?

1924 erschien das I Ging erstmals im Westen in einer Übersetzung des deutschen Sinologen Richard Wilhelm. Seine ausgezeichnete Übersetzung fand viel Beifall, war aber für den Durchschnittsleser schwer zu verstehen. In der Folge erschienen andere Fassungen des I Ging in anderen Sprachen, und renommierte Denker des 20. Jahrhunderts, unter ihnen C. G. Jung und Hermann Hesse, befaßten sich ausgiebig mit dem Buch der Wandlungen.

Doch schon bald setzte eine Entwicklung ein ähnlich wie in China vor 2000 Jahren. Immer weitere Kommentare und moderne Ableger (I-Ging-Kalender, ein medizinisches I Ging, ein Computer-I-Ging, usw.) erschienen in zahlreichen westlichen Sprachen, und das Buch der Wandlungen erhielt schon bald wieder den Ruf eines Wahrsagebuches.

Wie konnte das geschehen, fragte ich mich. Warum beschäftigten sich die Menschen nur mit *einer* Seite des Buches, der unbewußten, mystischen Seite; warum machten sie sich gar nichts aus seiner bewußten, logischen Seite – seinem systematischen Aufbau aus 64 Hexagrammen?

Es gibt dafür eine recht einfache Antwort: Die Aussicht darauf, Antworten auf seine eigenen Fragen aus einem alten

»Weisheitsbuch« zu erhalten, indem man lediglich ein paar Münzen wirft oder ein ähnliches Ritual ausführt, scheint höchst attraktiv zu sein, ganz besonders für viele spirituell verunsicherte Menschen im Westen. Die Ausführung eines solchen Rituals verlangt kein großes Können, nicht viel Zeit und noch nicht einmal Glauben.

Sich aber auf das innere Wesen des I Ging, auf das System der 64 Hexagramme und die darin verborgenen universellen Gesetze einzulassen, die den Lauf unseres Daseins bestimmen, ist eine völlig andere Geschichte. Das hieße nämlich, sich aller Hexagramme mit ihren Bedeutungen und Querverbindungen gleichzeitig bewußt zu sein. Es wäre so etwas, wie im Kopf Schach spielen.

An diesem Punkt kam mir in den Sinn, daß es hilfreich wäre, für jedes Zeichen eine Karte zu haben – dann müßte ich nicht alles in meinem Kopf bewältigen. Dann könnte ich die Trigramme und Hexagramme zueinander in Beziehung setzen, indem ich die Karten bewege. Indem ich konkret mit den Karten spiele, könnte ich alles *sichtbar* machen. Und nicht nur das, die Verwendung eines symbolischen Bildes und einer bestimmten Farbe auf jeder Karte würde mich auch von den verwirrenden gebrochenen und ungebrochenen Linien befreien . . .

Die Idee der I-Ging-Bildkarten war geboren.

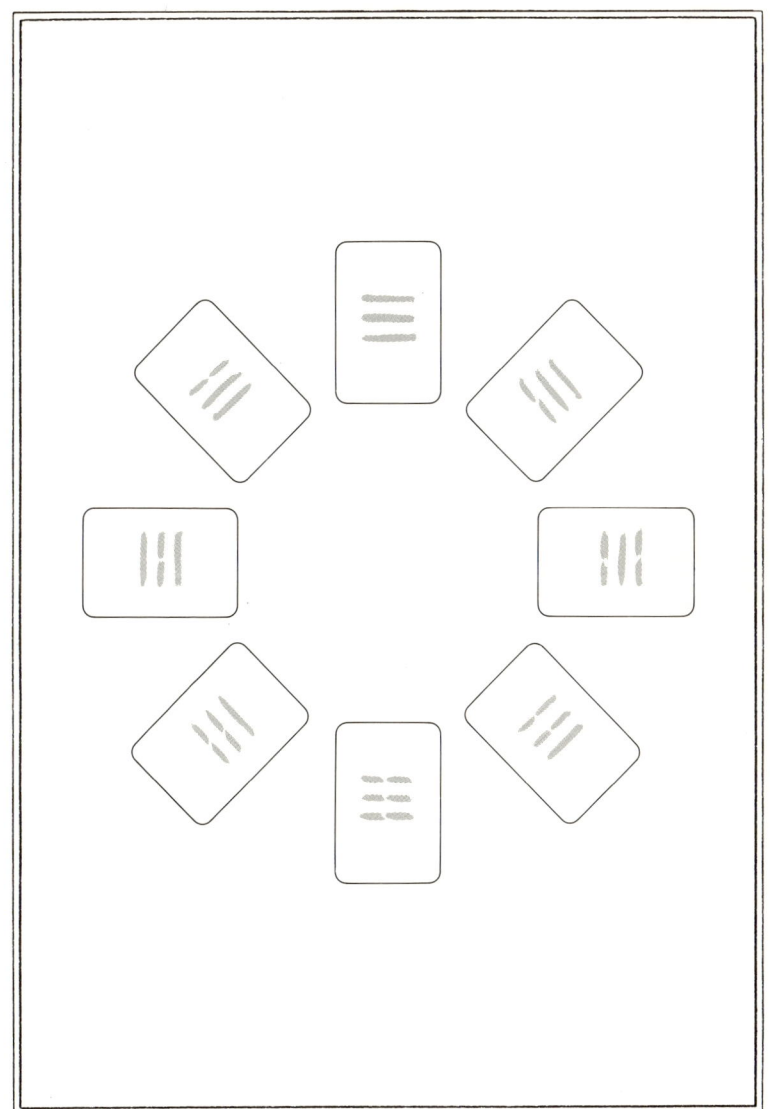

Die Bilder der Wandlungen

Die Bilder der Wandlungen bestehen aus 64 Bildkarten plus acht größerformatigen Grundkarten. Diese acht Grundkarten sollen im folgenden Abschnitt vorgestellt werden. Zum Set gehört ferner eine Farbübersicht, die alle 64 Karten richtig angeordnet zeigt.

Außerdem liegt ein blaues Vierecktuch bei, auf dem die Umrisse der acht größeren Karten in Kreisanordnung aufgedruckt sind. Dies ist Ihr »Ritualtuch«, das nicht nur als »saubere« Unterlage für das Ausbreiten der Karten bei der Orakelbefragung dienen soll, sondern auch als Einschlagtuch für die Karten, wenn sie nicht gebraucht werden.

Schließlich gehört noch ein Notizblock dazu, auf dem Sie die Ergebnisse Ihrer Befragungen oder Notizen beim Spiel mit den Karten festhalten können. Es ist von unschätzbarem Wert, wenn Sie Ihre Erfahrungen mit den Karten schriftlich notieren; sie werden dadurch schneller mit den Karten und ihren Bedeutungen vertraut.

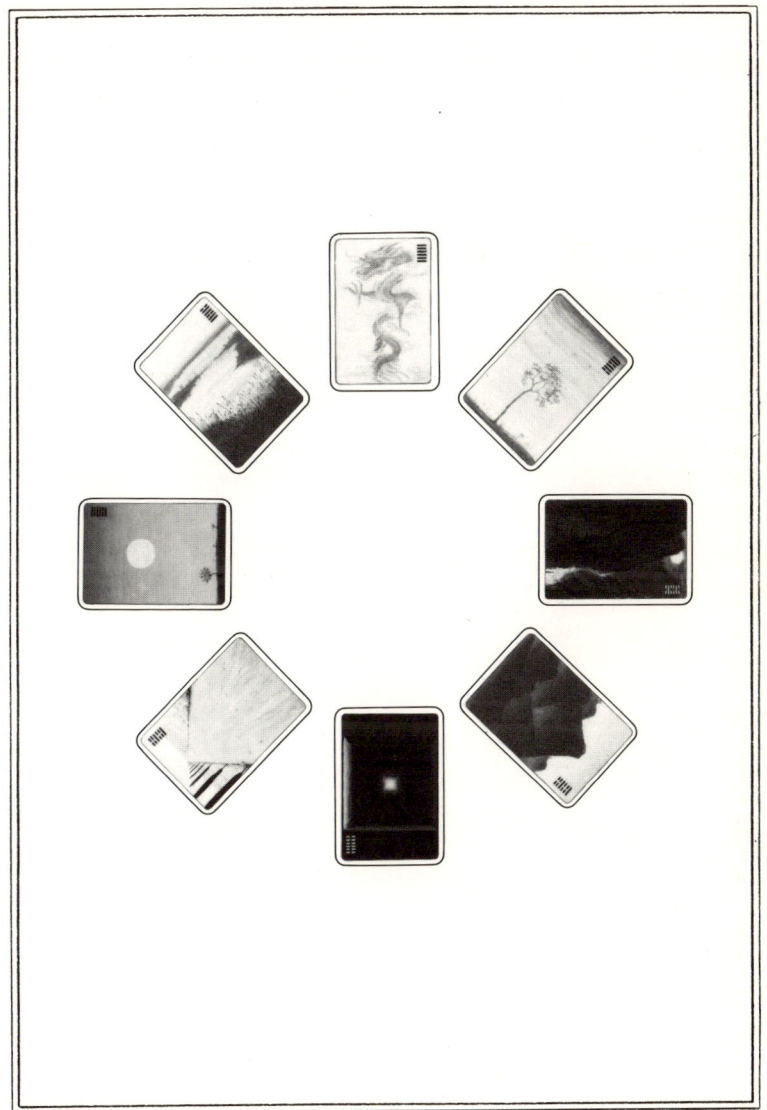

DIE ACHT
GRUNDKARTEN

Die traditionellen Trigramme haben sich nun in Karten verwandelt; ihre Bedeutung und die Reihenfolge ihrer Anordnung sind aber unverändert geblieben. Wenn Sie sie im Kreis auslegen, bilden sie wiederum vier Gegensatzpaare, jedes Paar liegt auf einer Achse:

Auf der senkrechten Achse erscheinen HIMMEL und ERDE als *Drachen* und *Quadrat* in den Farben Weiß und Schwarz.

Auf der waagerechten Achse sind FEUER und WASSER durch *Sonne* und *Mond* in Orange und Blau vertreten.

Auf der einen Diagonalachse liegen WIND und DONNER in der Gestalt von *Baum* und *Straße* in den Farben Grün und Gelb, auf der anderen Diagonalachse BERG und SEE, die selbst als Symbol erscheinen, dargestellt in Violett und Rot.

Um diese acht Grundkräfte und die Art und Weise ihres Zusammenwirkens geht es beim I Ging. Sie bilden die wesentlichen Bezüge. Jeder, der die Welt des Buches der Wandlungen betreten möchte, sollte sich als erstes mit diesen acht Grundkarten vertraut machen.

Dabei ist zu beachten, daß die einzelne Grundkarte ganz verschiedene Namen und Bedeutungen tragen kann, je nachdem, in welchem Zusammenhang sie liegt. So bezieht sich z. B. der Name HIMMEL auf die Natur, die gleiche Karte heißt aber auch »Vater«, wenn es um Familienzusammenhänge geht, bzw. »Stärke«, wenn die Art des Ausdrucks gemeint ist, oder »Pferd«, wenn die Tierebene angesprochen wird. Die Übersichten auf den folgenden Seiten zeigen, welche Bedeutungen den acht Grundkarten zugeordnet werden. Schauen Sie sich in Ruhe die verschiedenen Aspekte an, bis Sie das innerste Wesen jeder Karte *empfinden*, etwas, das man nicht in Worte fassen kann.

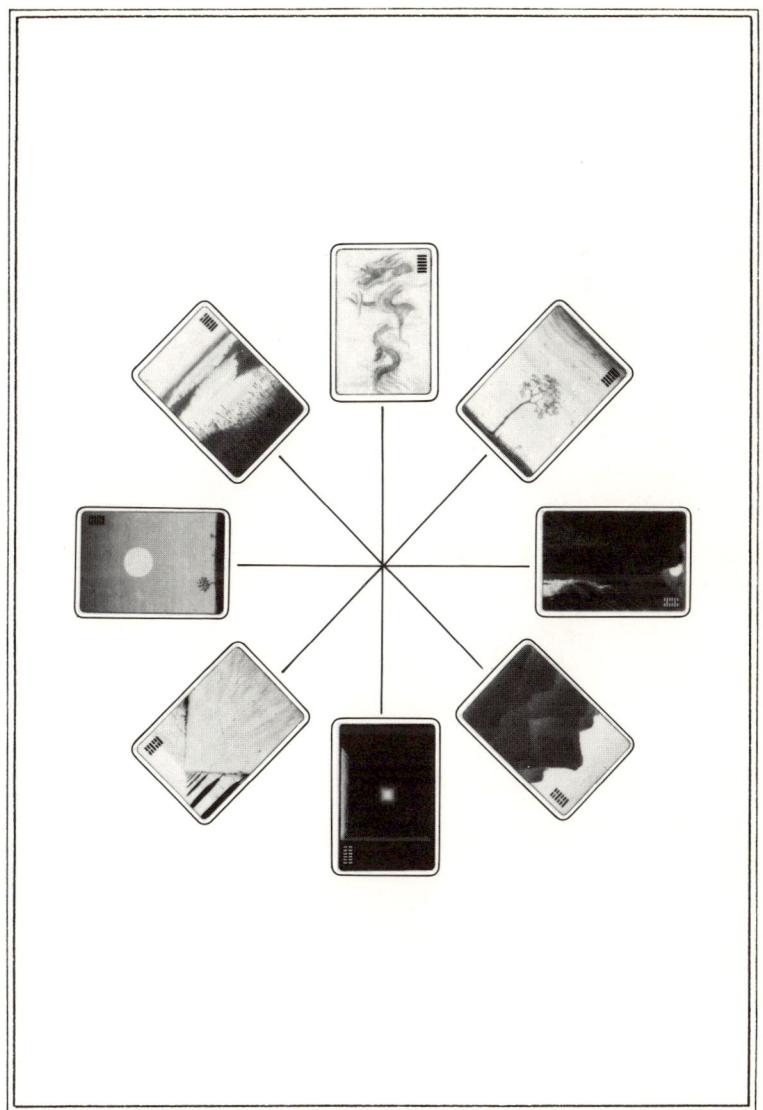

Himmel – Erde: *die senkrechte Achse*

Der Drache ist für die Chinesen ein mythisches Geschöpf himmlischen Ursprungs, das sich mit großer Schnelligkeit durch die Luft bewegt. Er hat Macht über den Lauf des Wassers und gilt daher als verehrungswürdig. Seit ältester Zeit war der Drache ein Symbol für Weisheit und Würde. Er verkörpert das schöpferische Yang-Prinzip. Das Quadrat steht für die meßbare Fläche, die Erde, die Materie. Es verkörpert das empfangende Yin-Prinzip.

Himmel steht auch für:
Vater
aktiv, schöpferisch, fest, gerade und rund, grenzenlos, leer
Vernunft, Stärke, Dauerhaftigkeit
Kopf
Pferd
Kälte und Eis
Herrscher, äußeres Gewand
Baumfrucht

Erde steht auch für:
Mutter
passiv, empfangend, hervorbringend, geduldig
Fruchtbarkeit, Erfüllung, Hingabe, Bescheidenheit
Bauch, Leib (der alles in sich sammelt und erneuert)
Ochse, Kuh und Kalb, Stute
großer Wagen oder großes ausgebreitetes Tuch (die alle
Dinge, ohne Unterschied, aufnehmen und tragen)
Baumstamm

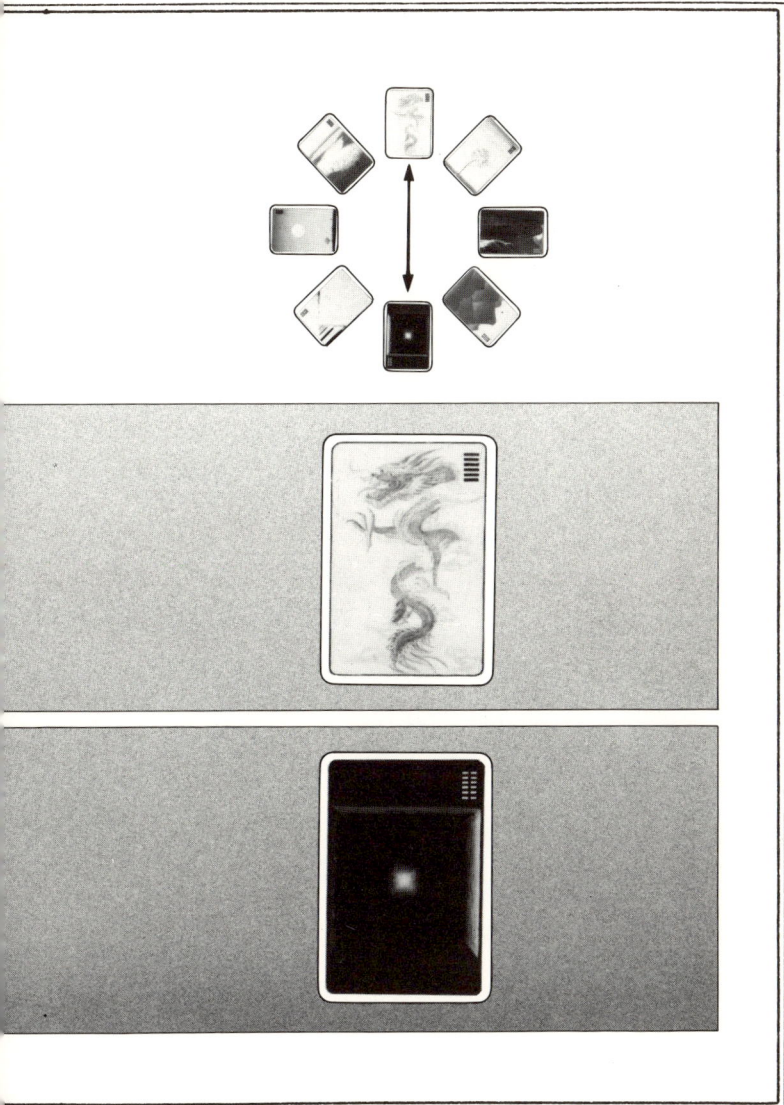

Feuer – Wasser: *die waagrechte Achse*

Feuer erscheint am Himmel, Wasser wird von der Erde angezogen. Die Chinesen sagen dazu: Himmel und Erde wirken und begegnen einander durch Feuer und Wasser.

Feuer steht auch für:
mittlere Tochter
hell, klar, leuchtend, anhaftend, hohl, trocken
Licht, Schönheit, Intelligenz, Logik, Wissen, Sprache
Auge
Fasan
Sonne, Blitz
dickbäuchiger Mensch, hohler Gegenstand
dürre Bäume

Wasser steht auch für:
mittlerer Sohn
dunkel, abgründig, gefährlich, eindringend, feucht
Schwierigkeit, Verdorbenheit, Instinkt, Furchtlosigkeit
Ohr
Wildschwein
Fluß, Regen, Mond
Säufer, Dieb
kräftiges Holz

Donner – Wind: *die erste Diagonalachse*

*D*ies ist die Achse der Bewegung. Die Straße bedeutet Bewegung, Lärm, Rütteln und Holpern. All das erinnert an den Donner, der nach chinesischer Vorstellung zu Beginn des Frühjahrs aus den Tiefen der Erde hervorbricht, die Samen zum Leben erweckt und einen neuen Lebenskreislauf in Gang setzt. Auch der Baum hat Bewegung, aber er bleibt dabei ganz bei sich. Fest im Erdreich verwurzelt wiegt er sich sanft im Wind.

Donner steht auch für:
ältester Sohn
heftig, gewalttätig, entschlossen, erregend, einen Schock
verursachend, sich in alle Richtungen ausbreitend
Energie, Erwachen, leidenschaftlicher Ausbruch
Fuß (dient der Bewegung)
Drache (als Verkörperung des männlichen Prinzips)
Erdbeben, Vulkan
Schilfrohr (das rasch emporschießt)

Wind steht auch für:
älteste Tochter
sanft, anpassungsfähig, biegsam aber zäh
Fortschritt, Beharrlichkeit, Auflösung, Erbarmen
Schenkel (geben den Impuls zur Bewegung)
Hahn oder Tiger
Holz, Duft, Geruch
gewinnsüchtiger Mensch
hochaufragende, schlanke Bäume

See – Berg: *die zweite Diagonalachse*

*D*ies ist die Achse der Ruhe. Der See bildet eine Vertiefung in der
Erdoberfläche, der Berg stellt eine Erhöhung dar.

See steht auch für:
jüngste Tochter
heiter, einladend, zart aber fest im Inneren
Anziehung, Freude, Vergnügen, Sinnlichkeit
Mund, Lippen (die lächeln und sprechen)
Schaf
Dunst, Nebel, Ernte
Nebenfrau, Zauberin
harte, salzige Erde (am Grund eines ausgetrockneten Sees)

Berg steht auch für:
jüngster Sohn
still, ruhig, ernst
Stille, Rückzug, Meditation, Leere
Finger und Hand (halten die Dinge fest)
Hund
Tür, Öffnung, schmaler Pfad, kleine Steine
Wächter
starker, knorriger Baum

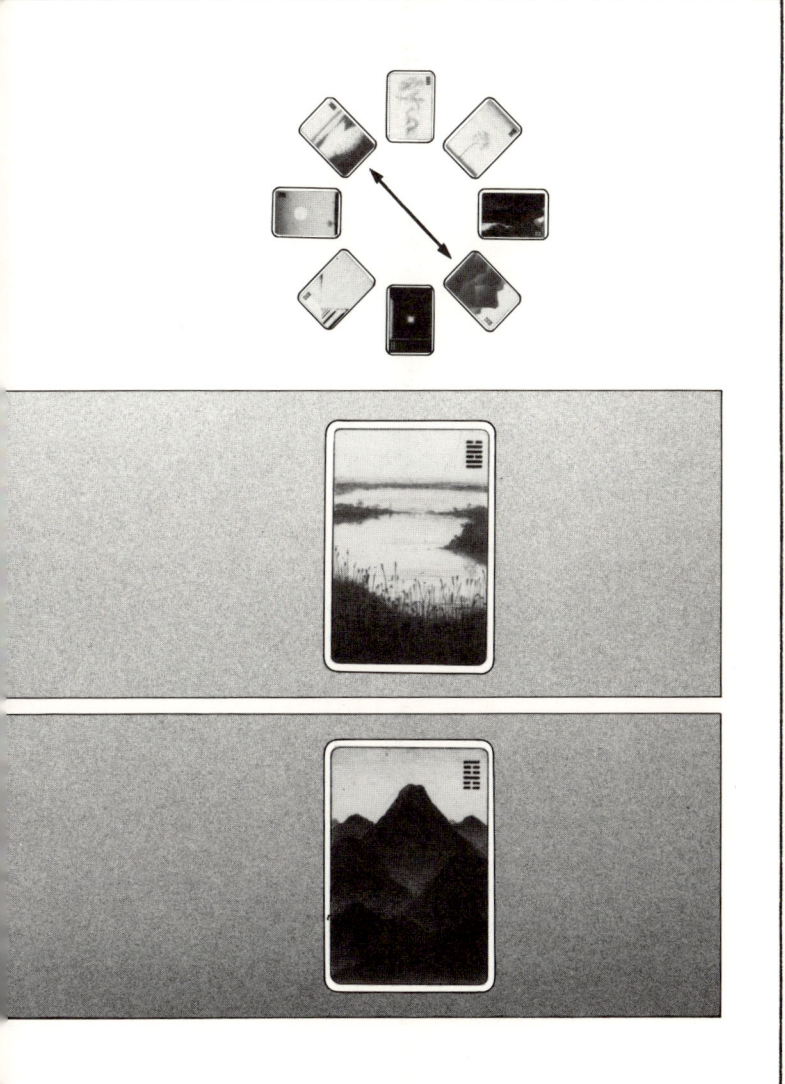

KURZ-ÜBERSICHT	HIMMEL	SEE	FEUER	DONNER
Name	HIMMEL	SEE	FEUER	DONNER
Farbe	Weiß	Rot	Orange	Gelb
Trigramm				
Familie	Vater	jüngste Tochter	mittlere Tochter	ältester Sohn
Orakellinie				
Eigenschaften	aktiv schöpferisch fest	heiter einladend zart	hell klar haftend	heftig erschütternd ausdehnend
Ausdruck	Verstand Stärke Dauerhaftigkeit	Sinnlichkeit Vergnügen Zufriedenheit	Schönheit Eleganz Intelligenz	Energie Erwachen Ausbruch
Körper	Kopf	Mund	Auge	Fuß
Tier	Pferd	Schaf	Fasan	Drache
Sonstiges	Eis	Nebel	Blitz Sonne	Vulkan

WIND	WASSER	BERG	ERDE
Grün	Blau	Violett	Schwarz
älteste Tochter	mittlerer Sohn	jüngster Sohn	Mutter
sanft biegsam zäh	abgründig eindringend furchtlos	still ruhig ernst	passiv empfangend geduldig
Fortschritt Auflösung Beharrlichkeit	Schwierigkeit Verdorbenheit Instinkt	Stille Rückzug Meditation	Erfüllung Hingabe Fruchtbarkeit
Schenkel	Ohr	Hand	Bauch
Hahn	Wildschwein	Hund	Ochse
Holz	Regen Mond	Tür	großer Wagen

Ordnen Sie als erstes die acht Grundkarten (großformatige Karten) nach dem untenstehenden Muster in einer Reihe an. In dieser Reihenfolge wird das Farbspektrum deutlich: die mittleren sechs Karten bilden einen Regenbogen, der sich zwischen Himmel und Erde spannt, welche am Anfang und Ende der Reihe liegen.

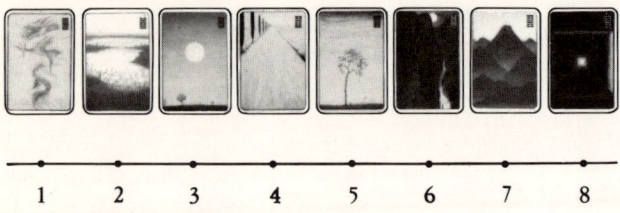

Legen Sie nun die Karten so, daß aus der Reihe ein Kreis wird, wie in der gegenüberliegenden Abbildung gezeigt. Beginnen Sie ganz oben mit HIMMEL und bewegen Sie sich auf der linken Seite abwärts. Folgen Sie dann der Trennlinie durch die Mitte des Kreises nach oben und bewegen Sie sich nun auf der rechten Seite abwärts, bis Sie unten bei ERDE angekommen sind. Diese Kreisanordnung ist vermutlich schon so alt wie die acht Trigramme, und sie verdeutlicht einiges über den Ursprung des Yin-Yang-Symbols.

Damit habe ich Ihnen die Grundkarten vorgestellt. Mit der Zeit können Sie lernen, mit ihnen umzugehen, als wären sie Personen, und zu jeder von ihnen können Sie eine eigene Beziehung entwickeln. Einige werden vielleicht bloße Bekanntschaften bleiben, mit anderen werden Sie eine enge Freundschaft schließen.

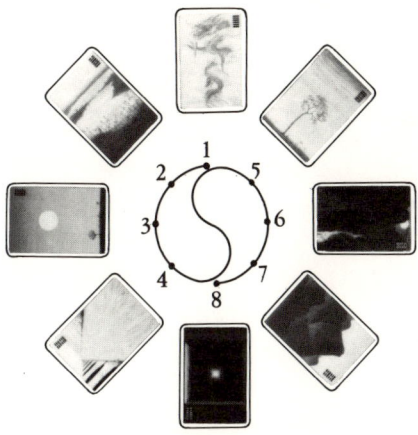

Hinweis
Beim Arbeiten mit den Karten sollten Sie die großformatigen Karten benutzen, wenn nur die Grundkräfte im Spiel sind; die kleinen Karten werden verwendet, wenn diese Kräfte in Kombinationen betrachtet werden (siehe Schluß des nächsten Kapitels).

DAS ORAKEL

Die Befragung des Orakels stellt eine ernstzunehmende Handlung dar und sollte erst unternommen werden, wenn das nötige Vorwissen vorhanden ist, d. h., wenn die Bedeutungen und Bezüge zwischen den acht Grundkräften bekannt sind. Gestalten Sie die Befragung als Ritual. So können sich die notwendige Ruhe und Konzentration am besten einstellen.

Die Fragestellung

Es kann sein, daß Sie eine ganz konkrete Frage auf dem Herzen haben, auf die Sie eine Antwort suchen; eine direkte Antwort auf eine direkte Frage zu erwarten, heißt allerdings, daß man die Möglichkeit des Orakels nicht voll ausschöpft. Geben Sie ihm eher Gelegenheit, ein Problem zu kommentieren. Bedenken Sie, daß letzten Endes Sie selbst die Antwort liefern, indem Sie die Auskunft des Orakels interpretieren.

Wenn Sie das Problem oder die Frage formuliert haben, schreiben Sie sie am besten auf. Wichtig ist, daß Sie Ihre Gedanken völlig auf die Frage konzentrieren, während Sie die Antwort ermitteln. Wenn Sie keine spezifische Frage stellen, kommentiert das Orakel ganz einfach Ihre gegenwärtige Lage. Ähnlich ist es, wenn Sie eine oberflächliche Frage stellen – das I Ging wird Ihnen möglicherweise auf ein Problem antworten, das Sie zum Zeitpunkt der Befragung *wirklich* beschäftigt.

Die Ermittlung der Antwort

Breiten Sie das blaue Ritualtuch vor sich aus und legen Sie die acht Grundkarten mit der Bildseite nach unten darauf. Mischen Sie sie eine Zeitlang mit gleichförmigen Handbewegungen und bringen Sie sie allmählich in die besprochene Kreisform. Nachdem nun der Kreis gebildet ist, wählen Sie eine Karte zufällig aus und drehen sie um. Schreiben Sie sich den *Namen* der Karte auf (SEE, WIND, usw.), legen Sie sie zu den anderen zurück mit der Bildseite nach unten. Dieser Vorgang (Mischen, Kreis legen, gewählte Karte notieren) wird noch fünfmal wiederholt, insgesamt also sechsmal ausgeführt. So bilden Sie, Linie für Linie, eines der 64 Hexagramme.

Beispiel:

6. WIND

5. HIMMEL

4. BERG

3. ERDE

2. BERG

1. SEE

Bitte beachten: Das Hexagramm wird von *unten* nach *oben* aufgebaut, die oberste, sechste entspricht also der letzten gezogenen Karte.

Das Hexagramm wird aufgebaut

Nun kann ein Hexagramm aus Linien gebildet werden, und zwar nach folgendem Schema: Die »männlichen« Karten werden durch eine Yang-Linie, die »weiblichen« Karten durch eine Yin-Linie vertreten.

HIMMEL	(Vater) ▬▬▬ *	ERDE	(Mutter) ▬ ▬ *
DONNER WASSER BERG	(Söhne) ▬▬▬	WIND FEUER SEE	(Töchter) ▬ ▬

Unser Beispiel ergibt somit Hexagramm (a).

Wandellinien (*)

Sind HIMMEL und/oder ERDE unter den gezogenen Karten, so verwandeln sich die ihnen entsprechende(n) Linie(n) in einem zweiten Schritt in ihr jeweiliges Gegenteil. So entsteht ein zweites Hexagramm (b).

	(a)	(b)
6. WIND	▬ ▬	▬ ▬
5. HIMMEL	▬▬▬ * →	▬ ▬
4. BERG	▬▬▬	▬▬▬
3. ERDE	▬ ▬ * →	▬▬▬
2. BERG	▬▬▬	▬▬▬
1. SEE	▬ ▬	▬ ▬

Das Hexagramm wird geteilt

Wie bereits in der Einleitung erläutert, wird jedes Hexagramm aus zwei Trigrammen gebildet, wobei jedes Trigramm eine der acht Grundkräfte verkörpert. Hier noch einmal die Trigramme im Überblick:

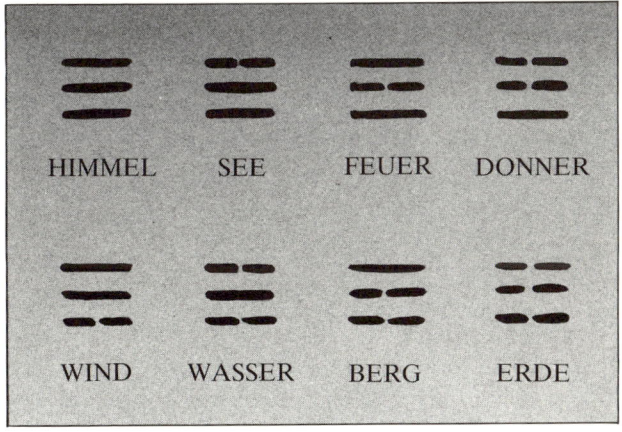

Demnach ist unser Hexagramm (a) eine Kombination aus WASSER/SEE (man liest grundsätzlich von unten nach oben), und Hexagramm (b) stellt eine Kombination aus WIND/DONNER dar.

An dieser Stelle kommen nun die »Kombinationskarten« (kleine Karten) ins Spiel. Ermitteln Sie zunächst mit Hilfe der Farbübersicht die Kombinationskarte, die dem(n) von Ihnen gebildeten Hexagramm(en) entspricht und entnehmen Sie die Karte(n) dem Kartenstapel.

WASSER/SEE

WIND/DONNER

Interpretation

Legen Sie die zuerst ermittelte Kombinationskarte vor sich hin und betrachten Sie sie in Ruhe. Der Blick wandert langsam von unten nach oben. Versuchen Sie einmal, das Wechselspiel der beiden aufeinander einwirkenden Kräfte zu »spüren«.

Nehmen Sie unser Beispiel WASSER/SEE: Sie stellen sich vielleicht vor, wie Sie sich durch ein enges, gefährliches Tal bewegen, wozu Sie all Ihre Fähigkeiten und Ihre ganze Kraft benötigen, und wie sie anschließend in einen weiten, offenen Raum gelangen, wo Sie sich entspannen und ausruhen können.

Wenn Sie ein zweites Hexagramm erhalten haben (sofern Sie HIMMEL und/oder ERDE gezogen hatten), wird die entsprechende Karte in der gleichen Weise interpretiert. Obwohl die erste Karte die eigentliche Antwort darstellt, liefert die zweite Karte zusätzliche Hinweise und stellt die Antwort des Orakels in einen größeren Zusammenhang.

Schlagen Sie nun die zusammenfassenden Texte zu den vierundsechzig Kombinationskarten im hinteren Teil des Buches auf. Jeder Text bietet:

- eine Kurzbeschreibung der Karteninhalte, die die Art charakterisiert, wie die beiden Grundkräfte aufeinander einwirken;

- die daraus abgeleitete *Bedeutung* der Karte;

- Hinweise auf das richtige Verhalten in dieser bestimmten Situation.

Diese Kurztexte geben nur die wichtigsten Aspekte wieder. Vermutlich werden Sie darüber hinausgehen wollen, indem Sie ihre eigenen Ideen in die Übung einbringen. Zu diesem

Zweck empfiehlt es sich, die Spiele und Übungen ab S. 51 auszuprobieren; so können Sie Ihr Verständnis der Symbole vertiefen und Ihre Basis für die Interpretation erweitern.

Wichtiger Hinweis: In jeder vollständigen I-Ging-Übersetzung finden Sie bei jedem Hexagramm noch besondere Kommentare zu den »Wandellinien«.

Die Kombinationskarten

Wie das Orakelbeispiel gezeigt hat, stellen die Kombinationskarten jeweils das Wechselspiel zwischen zwei Grundkräften dar. Jede der acht Grundkräfte begegnet jeder anderen und auch sich selbst, so daß $8 \times 8 = 64$ mögliche Kombinationen entstehen. Dabei ist sowohl die Kraft, die sich zurückzieht, wie auch die Kraft, die neu entstanden ist, Teil des Ergebnisses, ähnlich wie zwei Staffelläufer die Verantwortung für die Übergabe/-nahme des Staffelholzes tragen.

In acht Fällen begegnet eine Grundkraft jeweils sich selbst, das Ergebnis ist eine der bekannten Grundkarten. In Wirklichkeit handelt es sich natürlich auch hier um Kombinationskarten, sie genießen aber einen Sonderstatus, da sie eine Kraft verkörpern, die sich wiederholt und damit in ihrer Wirkung verdoppelt.

Hinweis
Alle Karten werden von unten nach oben gelesen. Aus diesem Grunde ist die Anordnung wichtig. Stellt man die Anordnung auf den Kopf, kommt ein vollkommen anderes Bild dabei heraus (vgl. das Beispiel auf der gegenüberliegenden Seite).

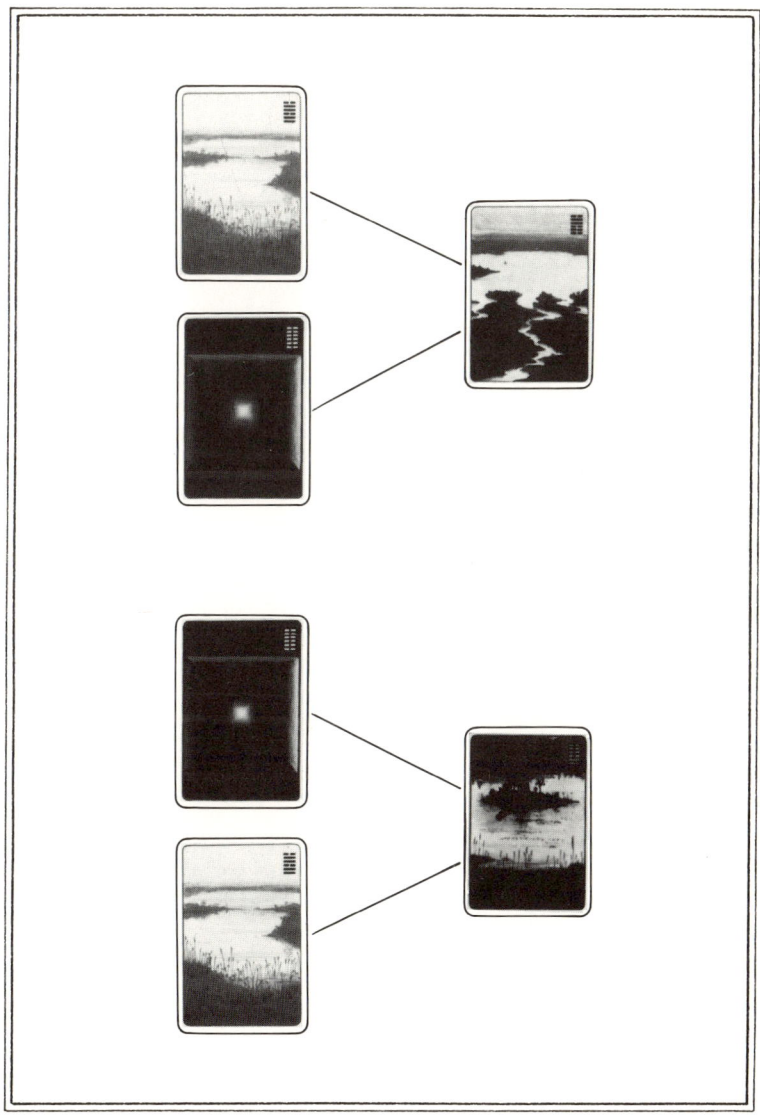

SPIELE UND ÜBUNGEN

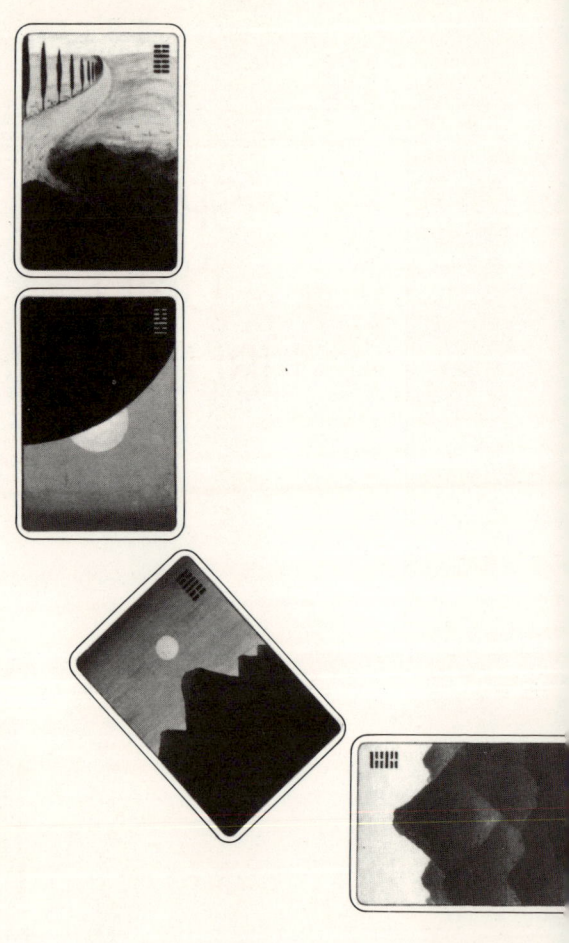

Die folgenden Spiele und Übungen helfen Ihnen, sich mit den 64 Karten vertraut zu machen. Die beiden ersten Spiele sind einfach und unterhaltsam und daher besonders auch für Kinder geeignet.

Domino

Die 64 Karten werden gut gemischt und im Stapel verdeckt auf den Tisch gelegt. Abwechselnd nimmt jeder Spieler eine Karte ab, bis jeder eine gleiche Anzahl, sagen wir einmal acht Karten, in den Händen hat. Die Karten sind vor den Mitspielern verdeckt zu halten. Wer eine Grundkarte (z. B. BERG/BERG besitzt, darf anfangen, indem er die Karte mit

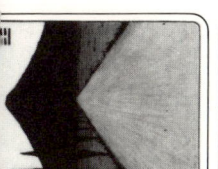

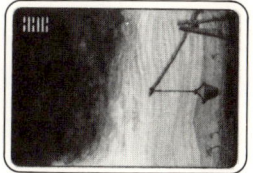

der Bildseite nach oben in die Mitte des Tisches legt. Der nächste Spieler legt eine dazu passende Karte (z. B. BERG/ FEUER oder DONNER/BERG) unten oder oben an die erste Karte an. Nun ist der nächste Spieler an der Reihe, usw. Die Karten müssen immer in dieselbe Richtung deuten und dürfen nicht auf dem Kopf stehen. Wer keine passende Karte zur Hand hat, nimmt eine weitere Karte vom Stapel, kann er immer noch nicht bedienen, muß er eine Runde aussetzen. Das Spiel ist zu Ende, wenn ein Spieler keine Karten mehr besitzt oder wenn kein Spieler mehr eine passende Karte anlegen kann.

Das Dominospiel kann auf verschiedene Weisen variiert werden, indem man zusätzliche Regeln einführt wie z. B.: Wenn ein Spieler nicht bedienen kann, muß er so lange neue Karten vom Stapel abnehmen, bis er eine passende Karte hat. Oder: Ein Spieler darf mehrmals bedienen, wenn er an der Reihe ist.

Interpretation

Nach Beendigung des Spiels können Sie noch einmal die ganze so entstandene Kartenreihe betrachten und ihren Entwicklungsweg nachvollziehen (mit Hilfe der Kurztexte zu den 64 Karten im hinteren Teil des Buches). Man kann dies natürlich auch schon während des Spiels tun, in dem Maße, wie sich die Wandlungskette bildet.

Memory

Legen Sie ein Rechteck von achtmal acht Karten aus, Bildseite nach unten. Der erste Spieler dreht eine Karte um. Nun muß er, indem er eine weitere Karte aufdeckt, das Gegenstück zur ersten finden (Beispiel: die Karte WASSER/BERG gehört zusammen mit BERG/WASSER oder WIND/WIND gehört zu DONNER/DONNER, usw.). Gelingt es ihm, darf er beide Karten behalten und zwei weitere aufnehmen. Gelingt es ihm nicht, so muß er beide Karten wieder verdeckt *an dieselbe Stelle* zurücklegen, wo sie vorher gelegen hatten. Nun ist der nächste Spieler an der Reihe.

Man kann auch eine leichtere Version spielen, bei der nur die eine Hälfte bei beiden Karten übereinstimmen muß (Beispiel: SEE/FEUER paßt zu jeder anderen Karte, die SEE in der unteren Hälfte zeigt). Will man das Spiel schwieriger gestalten, so kann man z. B. festlegen, daß die zweite Karte die jeweilige Ergänzung zur ersten darstellen muß, nach dem Schema der vier Grundkräfte-Paare (Beispiel: HIMMEL/WIND verlangt nach ERDE/DONNER; vgl. Farbübersicht).

Interpretation

Die Namen und Bedeutungen der gezogenen Karten können ins Spiel einbezogen werden; auf diese Weise kann der Erfolg oder Mißerfolg eines Spielers beim Auffinden der »Paarkarte« interpretiert werden.

Das Viereck

Dieses Spiel läßt sich ähnlich wie »Domino« spielen, doch ist hier das Ziel, eine rechtwinklige Anordnung – anstelle einer Kette – herzustellen. Es gelten folgende Regeln:

a) Die Karten müssen sich mindestens an einer Stelle berühren

b) Karten, die eine waagerechte Reihe bilden, müssen in ihren unteren Hälften übereinstimmen

c) Karten, die eine senkrechte Reihe bilden, müssen in ihren oberen Hälften übereinstimmen (vgl. die Abb. gegenüber).

Das Spiel ist beendet, wenn ein Viereck aus achtmal acht Karten vollendet ist. Jeder Spieler hat dabei das Ziel, alle seine Karten loszuwerden und gleichzeitig die Mitspieler daran zu hindern, ihre Karten abzulegen.

Meditative Version für einen Spieler allein

Legen Sie die achtmal acht Karten im Viereck aus, Bildseite nach unten. Drehen Sie eine zufällig aufgenommene Karte um und stellen Sie ihren richtigen Platz innerhalb der Anordnung mit Hilfe der Farbübersicht fest. Legen Sie sie an diesen neuen Platz und suchen Sie nun den richtigen Platz für die verdrängte Karte. Fahren Sie fort, bis alle Karten an ihrem richtigen Platz liegen.

Interpretation

Machen Sie sich während des Spielens die Bedeutung und das Wechselspiel der Kräfte auf jeder Karte klar. In welchem Zusammenhang stehen Karten, die zu einer Reihe gehören bzw. deren obere oder untere Hälften übereinstimmen?

Die Viereckanordnung

Das Viereck ist das Symbol für die Erde. Die Anordnung der 64 Hexagramme im Viereck ist so alt wie die Hexagramme selbst. Die Anordnung insgesamt spiegelt das Netz ihrer wechselseitigen Bezüge wider. Die Abfolge beginnt in der rechten unteren Ecke mit HIMMEL/HIMMEL und endet in der linken oberen Ecke mit ERDE/ERDE. Zwischen diesen beiden bilden die anderen sechs Grundkarten die Diagonale a–b. Die andere Diagonale von rechts oben nach links unten (c–d) beinhaltet alle Kombinationen der Grundkräfte mit ihrem jeweiligen Gegenteil.

Legen Sie die Karten nach dem gegenüber abgebildeten Muster oder nach der Farbübersicht im Viereck aus. Üben Sie diesen Vorgang so lange, bis Sie ihn ohne Blick auf die Übersicht beherrschen. Auf diese Weise bekommen Sie ein Gespür für die Lage jeder Karte, was für weitere Experimente von Vorteil ist.

Ist die Anordnung abgeschlossen, betrachten Sie sie eine Weile. Nun bringen Sie die Karten mit wenigen raschen Handbewegungen durcheinander; damit machen Sie die Erfahrung, wie eine mühsam geschaffene Ordnung in einem einzigen Augenblick zerstört werden kann.

Am Schluß jeder Übung sollten die Karten aber gesammelt und *in einer bestimmten Ordnung weggelegt werden.* Das kann die Ordnung des Vierecks oder eine andere Ordnung sein, die Sie für sich festlegen.

Wenn Sie die Viereckanordnung anschauen, können Sie sie auch einmal mit der ersten Abbildung in diesem Buch vergleichen: die 64 Hexagramme auf S. 9. Nun hat jedes Hexagramm eine eigene Karte bekommen.

Die Kreisanordnung

Der Kreis ist das Symbol für den Himmel. Die Kreisanordnung der 64 Hexagramme ermöglicht Ihnen einen Einblick in das machtvolle System an der Wurzel des Kosmos. Wir können aber nicht das Ganze überblicken oder begreifen, denn der Kreis steht für das Unendliche.

Um die Karten im Kreis auszulegen, brauchen Sie mehr Platz, als ihn ein durchschnittlicher Tisch bietet – setzen Sie sich also auf den Boden. Wie auf der übernächsten Seite demonstriert, bilden Sie acht Gruppen zu je acht Karten. Dabei sollen die Karten, die eine Gruppe bilden, jeweils in ihren unteren Hälften übereinstimmen. Die Gruppen werden von 1 bis 8 durchnumeriert. Indem Sie diese Reihenfolge beachten, legen Sie die Karten im Kreis um sich herum (vgl. Abb. S. 62/63).

Beginnen Sie mit der ersten Karte der ersten Gruppe, d. h. HIMMEL/HIMMEL, die direkt vor Ihnen liegt, und fahren Sie fort, die Karten gegen den Uhrzeigersinn zu legen, bis Sie die letzte Karte der Gruppe 4 erreicht haben; sie heißt DONNER/ERDE und liegt fast in der Mitte hinter Ihnen.

Folgen Sie nun einer gedachten Linie durch die Mitte des Kreises, wo Sie sitzen, und legen Sie die erste Karte der Gruppe 5, WIND/HIMMEL, rechts neben die erste Karte (c). Fahren Sie fort mit den restlichen Karten im Uhrzeigersinn, bis der Kreis geschlossen ist. Die allerletzte Karte kommt direkt hinter Ihnen zu liegen (d). Schieben Sie die Karten so lange zurecht, bis ein schöner Kreis entstanden ist.

Wenn Sie nun so im Mittelpunkt eines Kraftfeldes sitzen, das den Chinesen seit altersher bekannt war, erfahren Sie das I Ging in seiner Ganzheit. Sie befinden sich im Kreuzungspunkt der Verbindungslinien zwischen allen Gegensätzen.

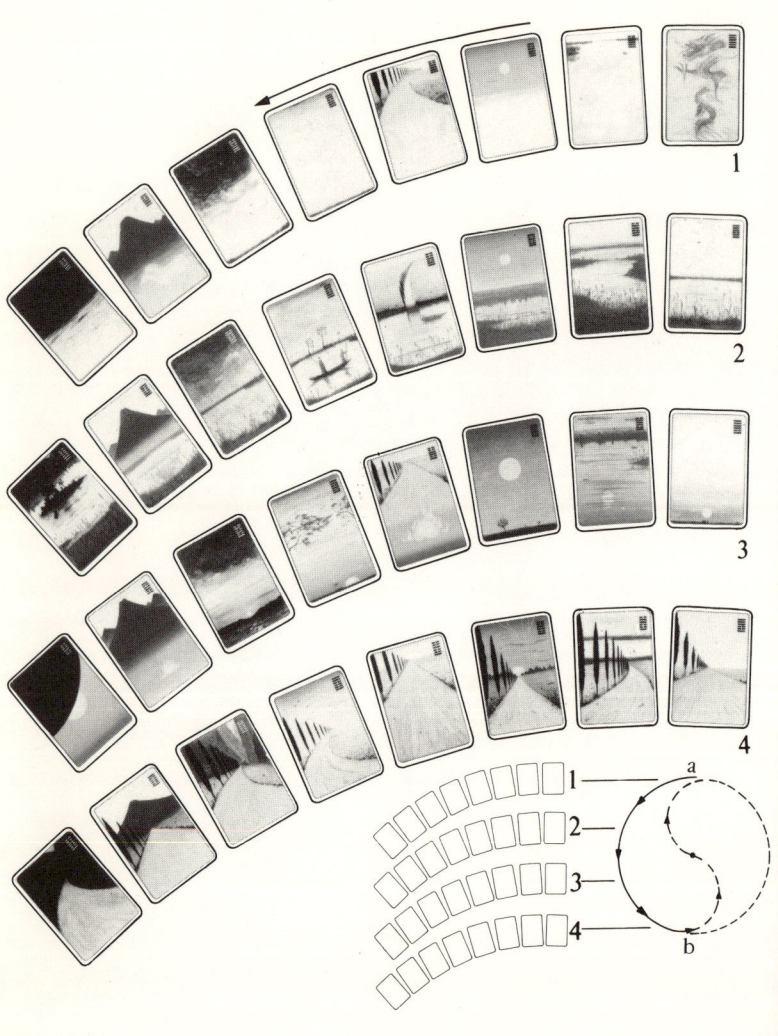

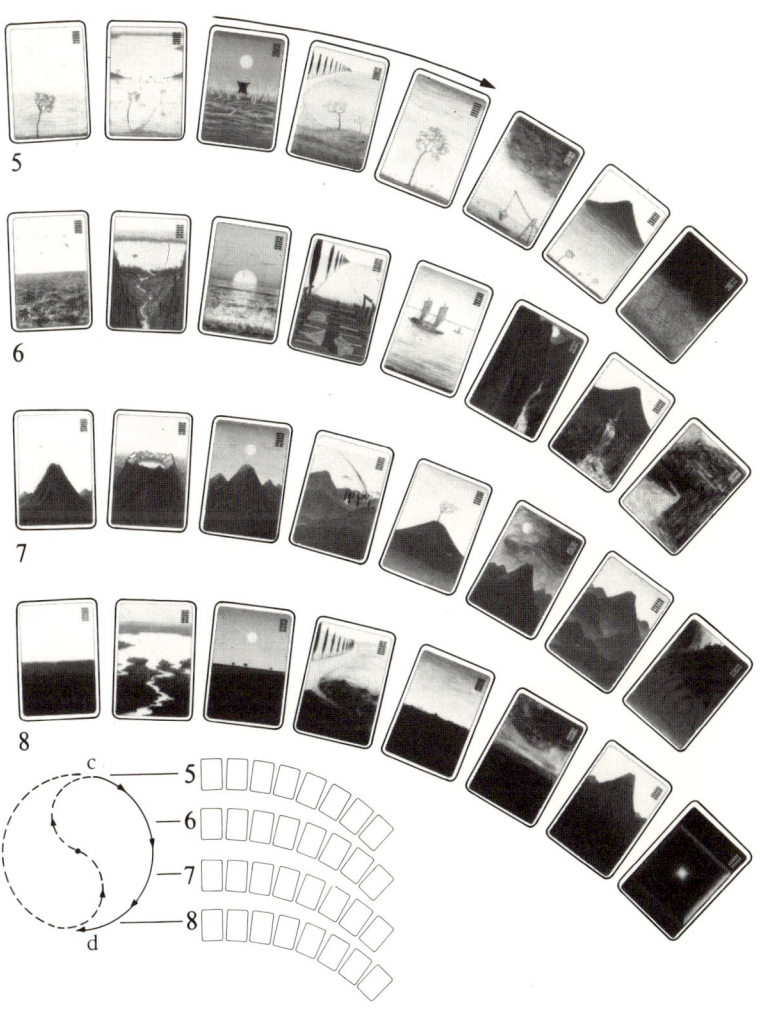

Greifen Sie ein Gegensatzpaar unter den Karten heraus und betrachten Sie es (z. B. FEUER/SEE und WASSER/BERG): Sowohl die unteren wie auch die oberen Hälften stellen Gegensätze dar. Versuchen Sie das Wechselspiel der Kräfte auf jeder Karte zu erspüren, sich ihre Bedeutungen einzuprägen – hier »Revolution« und »Jugendtorheit« – und herauszufinden, warum sie *Gegensätze* sind, aber auch, was sie *verbindet*. In diesem Fall z. B.: beide beschreiben Verhaltensweisen, die der gesellschaftlichen Norm zuwiderlaufen; während aber die eine bewußt eingesetzt wird, ist die andere spontan und instinktiv. Das Ergebnis ist daher völlig verschieden.

oben

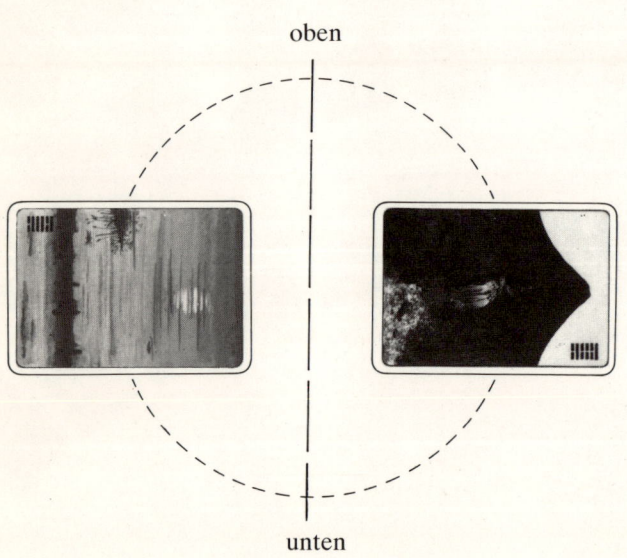

unten

Wiederholen Sie diese Übung mehrere Male mit unterschiedlichen Gegensatzpaaren. Halten Sie dann eine kurze Zeit inne und lassen Sie den Kreis auf sich wirken.

ICH UND MEINE UMGEBUNG

Die Übungen in diesem Kapitel sollen Ihnen helfen, sich selbst, Ihren Partner und ganz allgemein Ihre Situation mit Hilfe der Karten besser zu verstehen. Auch hier ist es wichtiger, die Bedeutung jeder Karte zu »erspüren« als sie rein intellektuell zu verstehen. Beachten Sie insbesondere den Abschnitt »Familie«; er gibt Ihnen Anleitung, wie Sie zu jeder Karte eine ganz eigene Beziehung herstellen können.

Ich

Legen Sie die acht Grundkarten in einer Reihe aus. Wählen Sie zunächst die Karte aus, die Sie am meisten mögen, dann die, welche Ihnen an zweiter Stelle zusagt, usw. bis zur letzten Karte. Wenn es Ihnen schwerfällt, die Reihenfolge festzulegen, teilen Sie die Karten zunächst in Gruppen ein: eine für »positiv«, eine für »negativ« und vielleicht noch eine dazwischen.

Wenn Sie sich die acht Karten so anschauen, werden Ihnen einige mehr zusagen als andere; andererseits leuchtet es auch ein, daß, wenn Sie die Karten benutzen oder mit ihnen spielen möchten, Sie sie *alle* als eine Einheit akzeptieren müssen. Mit den verschiedenen Seiten Ihres Ichs verhält es sich etwas anders. Sie sind offen für die Eigenschaften, die Sie an sich mögen, neigen aber vielleicht dazu, die Seiten, die in Ihren Augen »schlecht« sind, zu verbergen – auch vor sich selbst.

Mit diesem Verhalten hindern Sie Ihre Persönlichkeit daran, sich voll auszudrücken. Wir kennen alle aus Erfahrung die Konflikte, die dadurch entstehen, daß wir unserer Umgebung ein unvollständiges Bild von uns vermitteln:

Schwierigkeiten in der Kommunikation mit anderen, das Gefühl, mißverstanden zu werden, usw. Indem Sie die Reihenfolge der acht Karten betrachten, wie Sie sie ausgelegt haben, können Sie feststellen, welche Teile Ihres Ichs Sie mögen und welche Sie lieber verstecken.

Schenken Sie besonders den unterdrückten Teilen Ihre Aufmerksamkeit. Es ist völlig in Ordnung, daß Sie bestimmte Seiten an sich nicht mögen, wichtig ist aber, daß Sie deren Existenz anerkennen. Nur so ist es möglich, eine ausgeglichene Persönlichkeit zu entwickeln.

Ihre Vorliebe für eine bestimmte Karte kann sich auch von einem Mal zum nächsten ändern. Das erlaubt Ihnen, wichtige Rückschlüsse auf Ihre augenblickliche Verfassung zu ziehen und auf die Veränderungen, die inzwischen eingetreten sind. Sie werden jedoch immer instinktiv eine besondere Beziehung zu einer der acht Karten empfinden. Nennen Sie sie Ihre *persönliche Karte.* Zusammen mit Ihrer *Funktionskarte* (siehe Übung »Familie«) ist dies die Karte, die für Ihre Person steht, wann immer Sie mit dem I Ging in Beziehung treten.

Partnerschaft

Jede(r) Partner(in) wählt aus den acht Grundkarten seine bzw. ihre persönliche Karte. Sie legen die beiden Karten zwischen sich auf den Tisch, betrachten sie eine Weile und begründen Ihre Wahl. Haben die beiden Karten irgendwelche Aspekte gemeinsam? Bilden sie in irgendeiner Weise Gegensätze?

Nun legen Sie die entsprechenden Kombinationskarten daneben, die sich aus den beiden Grundkarten ergeben. Die Beziehung zwischen beiden Partnern kann jetzt von beiden Seiten bildhaft betrachtet werden (siehe Abb.: aus der Sicht von FEUER stellt sich die Beziehung dar als SCHÖNHEIT, aus der Sicht von BERG hat sie etwas mit DER FREMDE zu tun). Zusätzliche Interpretationen liefert die Textübersicht im hinteren Teil des Buches. Besprechen Sie die unterschiedlichen Sichtweisen miteinander und die Art, wie sie aufeinander einwirken.

Eine andere Spielart besteht darin, daß jeder Partner seine *Funktionskarte* anstelle der *persönlichen Karte* verwendet (siehe nächste Übung »Familie«).

Familie

Die acht Grundkarten bilden eine Familie. HIMMEL und ERDE sind Vater und Mutter. WIND, FEUER und SEE, die drei Töchter, sind dem Vater, dem HIMMEL, zugewandt. DONNER, WASSER und BERG, die drei Söhne, werden zur Mutter hingezogen, zur ERDE.

Legen Sie die acht Karten im Kreis aus und betrachten Sie sie in Ruhe. Bedenken Sie, daß in einer Familie jedes Mitglied eine ganz bestimmte Funktion innehat. Unmittelbar auf Vater und Mutter folgen WIND und DONNER. Sie sind die Erstgeborenen, die ersten unter den Kindern, die Verantwortung übernehmen und im Notfall die Eltern ersetzen. DONNER, der älteste Sohn, kommt gleich nach dem Vater, WIND, die älteste Tochter, gleich nach der Mutter.

Auf der anderen Seite jedes Elternteils stehen die jüngsten Kinder. Sie suchen Liebe und Schutz. BERG, der jüngste Sohn, lehnt sich an die Mutter an, SEE, die jüngste Tochter, an den Vater. FEUER und WASSER, die mittlere Tochter und der mittlere Sohn, befinden sich in einer Zwischenposition. Sie halten das Gleichgewicht innerhalb der Familie aufrecht.

Da die Funktion, die jemand innerhalb der Familie innehat, ihre bzw. seine Entwicklung weitreichend bestimmt, stellen die Familienfunktionen der acht Karten einen Schlüssel zum eigenen Verständnis und zum Verständnis der Beziehungen zu anderen Menschen dar. Außerdem bieten sie für ein weitergehendes Studium des I Ging eine wichtige zusätzliche Interpretationsebene an.

Betrachten Sie den Kreis von acht Karten und sehen Sie einmal Ihre Familie im Sinne der acht Funktionen an. Nun gruppieren Sie die Karten entsprechend dem Status jedes

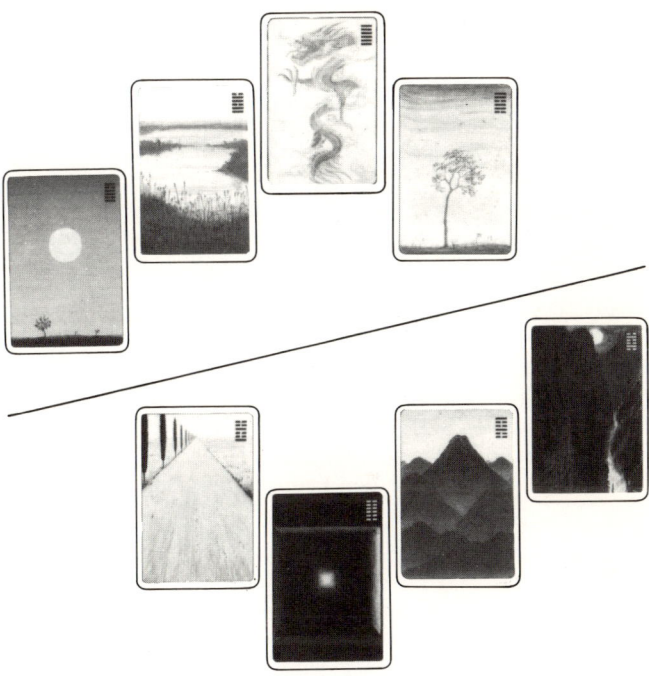

Familienmitglieds.* Die Karten können sich berühren, wo
besonders enge Beziehungen sind, oder weiter auseinander-
rücken, wenn dies die Situation besser zum Ausdruck bringt
(vgl. Abb. S. 75).

* Diese Übung gewinnt natürlich noch an Aussagekraft, wenn
  andere Familienmitglieder daran teilnehmen.

Besteht eine Familie aus weniger als acht Personen, so haben in der Regel einzelne Mitglieder mehrere Funktionen inne. Es kann auch sein, daß sich zwei oder mehr Personen eine Funktion teilen: Gibt es z. B. nur zwei Söhne oder zwei Töchter, haben sie vermutlich die Funktion des ältesten und jüngsten Kindes und teilen sich die Rolle des mittleren. Es empfiehlt sich aber, zu Beginn nur eine Karte pro Person zu benutzen, die die Hauptfunktion widerspiegelt. Ein Einzelkind dürfte überwiegend die Funktion des mittleren Sohnes bzw. der mittleren Tochter ausüben.

Wenn Sie sich nun das Gebilde anschauen, das dabei herausgekommen ist, haben Sie ein Abbild der Struktur vor sich, die Ihre Persönlichkeit geformt hat. Vergleichen Sie dieses Gebilde mit der ursprünglichen Familienkreisformation und stellen Sie fest, welche Abweichungen oder Lücken vorhanden sind. Sie könnten Ihnen Hinweise geben, warum es Konflikte zwischen den Familienmitgliedern gibt.

Konzentrieren Sie sich nun auf die Karte, die Sie persönlich darstellt. Welche Position nimmt sie in bezug auf die übrigen Karten ein? Das könnte Ihre Position in *jeder beliebigen* Gruppe widerspiegeln und Ihnen Aufschluß über die Art Ihrer Beziehungen zu Freunden, Kollegen, Vorgesetzten und Untergebenen liefern (siehe auch die Übung »Offenlegung«).

Die Karte, die Ihre Funktion innerhalb der Familie verkörpert, stellt Ihre *Funktionskarte* dar (nicht unbedingt identisch mit der bereits erwähnten *persönlichen Karte*). Wann immer Sie mit dem I Ging arbeiten, steht das Symbol dieser Karte in irgendeiner Weise für Sie und hat daher für Sie eine besondere Bedeutung. Sein Gegenteil wiederum steht für das Hauptthema, mit dem Sie sich im Laufe Ihres Lebens auseinanderzusetzen haben.

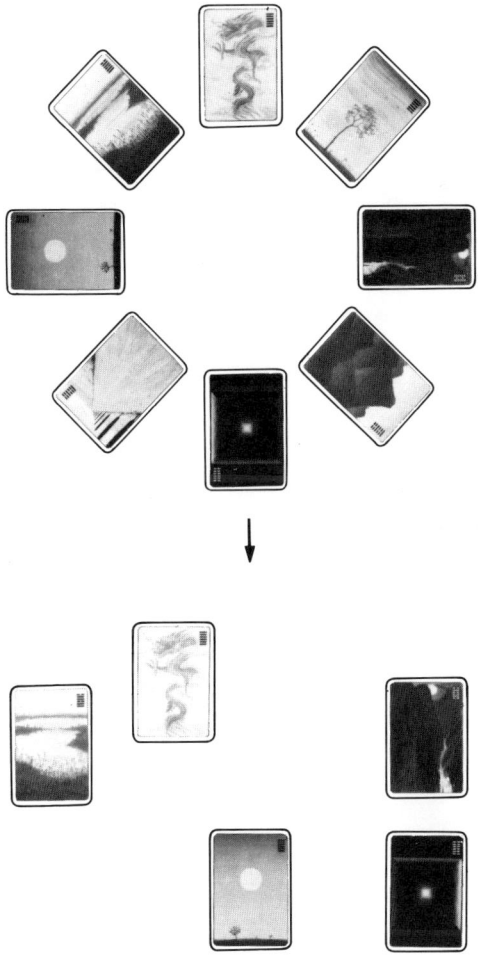

SPIELE
UND
ÜBUNGEN

für Fortgeschrittene

Die folgenden Übungen sind für alle bestimmt, die nach einem gründlichen Studium der vorausgegangenen Kapitel ihre Kenntnis des I Ging weitervertiefen möchten.

Meditation

Eine Methode, sich darin zu üben, die Bedeutung jeder Karte zu »erspüren«, ist die der meditativen Betrachtung. Meditation muß nicht unbedingt heißen, daß Sie den Lotussitz einnehmen oder Räucherwerk verbrennen (obwohl beides seinen guten Sinn hat). Legen Sie einfach eine Karte (später werden Sie mehrere Karten gleichzeitig benutzen wollen) vor sich hin, betrachten Sie sie in aller Ruhe und lassen Sie Ihren Gedanken freien Lauf, ohne sie zu unterbrechen. Diese Übung läßt sich jederzeit und überall praktizieren, Sie brauchen noch nicht einmal die Karte physisch vor sich zu haben, z. B. beim Warten an der Bushaltestelle.

Die Auswahl einer bestimmten Karte für Ihre Meditation können Sie bewußt oder unbewußt treffen. Sie können beispielsweise:

Eine Karte auswählen, die Sie ganz besonders anzieht oder abstößt. Oder: eine Karte auswählen, die am besten die gegenwärtige Situation oder eine bestimmte andere Situation darstellt. Oder: verdeckt eine Karte ziehen. Oder: eine Karte übrigbehalten, nachdem Sie nacheinander alle aussortiert haben, die nicht in Frage kommen.

Am fruchtbarsten für die Meditation sind die Karten, zu denen Sie anfangs am schwersten Zugang finden, denn sie verweisen auf innere, noch unbekannte Bereiche des Selbst.

Die Bausteine Ihres Orakelergebnisses

Nehmen wir an, Sie sind dabei, das Orakel zu befragen. Bevor Sie sich nun daranmachen, Ihr Hexagramm aufzubauen, möchten Sie vielleicht die Karten betrachten, die sozusagen die Bausteine Ihrer Antwort sind. Darin spiegelt sich die taoistische Sicht, daß *Weg* und *Ziel* identisch sind. Legen Sie die Karten so hin, daß aus der Anordnung die Reihenfolge ihres Erscheinens deutlich wird. Welcher Prozeß wird erkennbar? Welche Karten tauchen mehrfach, welche überhaupt nicht auf?

Die Abbildung unten zeigt links die Karten, die zu Ihrem Hexagramm geführt haben (siehe Kapitel »Das Orakel«, S. 41): SEE/BERG/ERDE/BERG/HIMMEL/WIND.

nicht gebraucht

Die zwei Urkräfte

Zeichnen Sie das Yin-Yang-Symbol auf ein Stück Papier und legen Sie die beiden Karten HIMMEL und ERDE an den oberen bzw. unteren Rand des Kreises. Denken Sie nun an verschiedene sich jeweils ergänzende Begriffspaare (es müssen nicht Gegensätze im herkömmlichen Sinne sein) und ordnen Sie sie den beiden Karten zu, jeweils einen Teil dem HIMMEL, den anderen der ERDE.

Beispiele:

Frage	Antwort
Buchstabe	Zahl
Lehrer/in	Schüler/in
Bogen	Pfeil
denken	fühlen
lachen	weinen
essen	trinken
ausdehnen	zusammenziehen
richtig	falsch
besonders	allgemein
still	laut
klassisch	romantisch

und so weiter.

Diese Art von Übung macht deutlich, wie sich die Bedeutung einer Karte wandeln kann, je nach dem Zusammenhang, in den sie gestellt wird. HIMMEL und ERDE sind lediglich Namen, die eine Vielzahl verschiedener Bedeutungen umfassen. Namen sind Etiketten, die dazu benutzt werden, um Dinge zu identifizieren, sie definieren die Dinge aber nicht.

Die vier Elemente

Legen Sie die vier Karten HIMMEL, ERDE, FEUER und WASSER um die Zeichnung des Yin-Yang-Symbols. Aus einer Zweiheit ist eine Vierheit geworden: die vier Elemente.

Überlegen Sie, ähnlich wie in der vorangegangenen Übung, welche anderen Vierheiten Ihnen einfallen: die vier Himmelsrichtungen (nach Art der alten Chinesen liegt der Süden oben!), die vier Jahreszeiten, Temperamente, Geschmacksrichtungen, Grundrechenarten, usw.

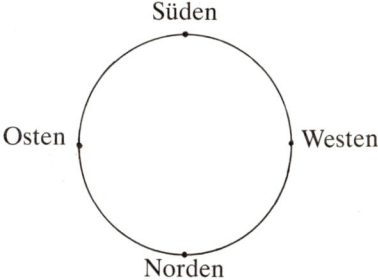

Vierheiten können auch dadurch gebildet werden, daß man Abstufungen zwischen zwei Gegensätzen einfügt (z. B. »warm« und »kühl« zwischen »heiß« und »kalt«), oder indem man zwei entgegengesetzte Begriffe kombiniert. So mag z. B. eine bestimmte Idee »äußerst reizvoll« (1) erscheinen, von einem anderen Standpunkt aus aber »höchst gefährlich« (2). Von Standpunkten aus betrachtet, die dazwischen liegen, erscheint die Idee als »reizvoll, aber auch gefährlich« (3), oder als »gefährlich, aber auch reizvoll« (4), womit die Vierheit vollständig wäre. Achten Sie einmal bewußt auf diese Dinge in Ihrem Alltag.

Die acht Grundkräfte

Während Sie das Yin-Yang-Symbol nach dem Muster von S. 39 auf ein Blatt Papier zeichnen, gehen Sie in Gedanken die Karten durch und spüren nach, wie sich die Handlung entwickelt. Sie beginnen mit HIMMEL ganz oben. Er liefert die Idee, den Samen. Der SEE regt an fortzufahren, im FEUER nimmt der Gedanke Gestalt an, DONNER führt die Handlung aus. Mit dem WIND erfolgt die Anpassung an das Bestehende, der Abgrund von WASSER mahnt zu Vorsicht und Beharrlichkeit, am BERG beginnt die Ruhe, und das Ergebnis des ganzen Prozesses wird bei ERDE sichtbar.

Führen Sie diese Übung mehrmals aus, bis Sie ein Gefühl für die antreibende Yang-Phase bekommen, auf die jeweils eine zügelnde Yin-Phase folgt. Nach einiger Zeit wird Ihnen auffallen, daß Sie ganz passable freihändige Zeichnungen von der schwierigsten aller Formen zustandebringen: dem perfekten Kreis.

Bei einer anderen Zeichen-/Meditationsübung führen Sie die gleiche Zeichnung mit zwei Stiften, einem in jeder Hand, aus. Entweder beginnen Sie gleichzeitig oben und unten und gehen dann nach innen, oder Sie beginnen im Zentrum des Symbols. Dabei führen Sie sich in Gedanken vor, wie jede Kraft ihren Gegensatz bestimmt (und von ihm bestimmt wird). HIMMEL verlangt nach ERDE, SEE nach BERG, usw.

Das Wechselspiel der Kräfte

Wählen Sie nach dem Zufallsprinzip zwei aus den acht Grundkarten aus. Suchen Sie nun die zugehörigen Kombinationskarten heraus und betrachten Sie sie nacheinander. Lassen Sie den Blick langsam von unten nach oben wandern; versuchen Sie nachzufühlen, wie die Ausgangskraft eine ganz bestimmte Situation schafft, die dann von der zweiten Kraft aufgenommen und in der gegenseitigen Einwirkung aufeinander verändert wird. Wenn Sie oben angelangt sind, stellen Sie einmal die Frage: welcher Art war dieses Wechselspiel und was ist als Ergebnis dabei herausgekommen? Wiederholen Sie die Übung, indem Sie *eine* der beiden Grundkarten auswechseln. Vergleichen Sie die neu entstehende Beziehung mit der vorangegangenen.

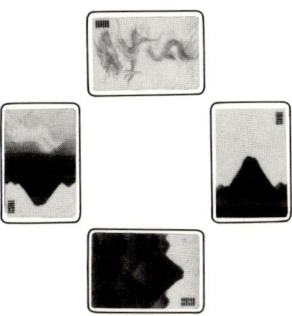

Die zwei Grundkarten und ihre zugehörigen Kombinationskarten bilden eine geschlossene Vierheit. Ausgelegt zu einem Viereck wird eine helle und eine dunkle Seite erkennbar. Verwenden Sie diese ganzheitliche Methode immer dann, wenn Sie zwei Kräfte miteinander vergleichen (siehe auch »Partnerschaft« und »Die vier Elemente«).

Offenlegung

Wählen Sie eine Grundkarte aus, z. B. Ihre persönliche Karte oder Ihre Funktionskarte. Setzen Sie diese nun in Beziehung zu allen übrigen Grundkräften, genau wie in dem zuvor beschriebenen Beispiel, indem Sie die Kombinationskarten mitverwenden. Am Ende haben Sie vierzehn Kombinationskarten, von denen sieben die gewählte Grundkraft in ihrer unteren Hälfte zeigen, die anderen sieben haben sie in ihrer oberen Hälfte. Ordnen Sie die Karten nun in Form von zwei Kreisen so an, daß die Ausgangskarte in der Mitte zu liegen kommt (siehe Abbildung S. 85, drehen Sie das Buch, so daß die Abb. quer vor Ihnen liegt). Achten Sie dabei darauf, daß in beiden Kreisen alle Grundkräfte in der richtigen Reihenfolge liegen.

Betrachten Sie diese Anordnung und meditieren Sie darüber. Sie gibt Ihnen die Möglichkeit, das komplette Energiefeld von Aktivität und Empfänglichkeit einer einzelnen Grundkarte zu begreifen, indem man diese Karte nach allen Seiten hin offenlegt.

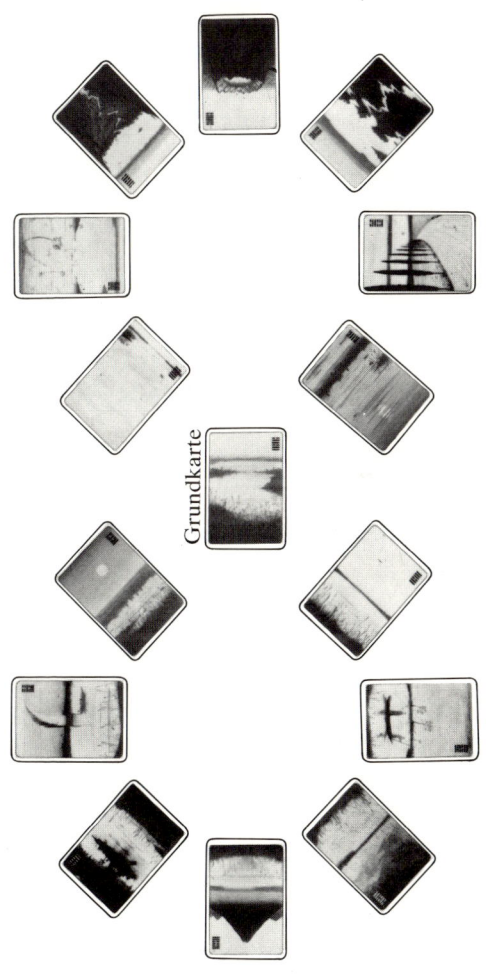

Grundkarte

Schach

Das Schachspiel und das I Ging haben gemeinsame Wurzeln. Das ist leicht erkennbar, wenn man die Viereckanordnung (Farbübersicht) einmal wie ein Schachbrett betrachtet:
Weiß und Schwarz (HIMMEL und ERDE) entsprechen den beiden gegnerischen Seiten im Spiel.

König und *Dame* entsprechen auf beiden Seiten DONNER und WIND, dem ältesten Sohn bzw. der ältesten Tochter. So erklärt es sich, daß Könige und Damen sich genau gegenüberstehen (und nicht symmetrisch sind, bezogen auf die Mitte des Spielbrettes, wie Anfänger gern meinen). Der König ist der Heerführer, an seiner Seite ist die Dame, sein »Begleitschutz«.

Die *Läufer* entsprechen FEUER und WASSER. Genau wie die beiden Elemente treffen sie nie zusammen, da jeder ausschließlich entweder auf den weißen oder auf den schwarzen Feldern vorrückt. Bezogen auf das Heer sind sie Berater und Vermittler.

Die *Springer* entsprechen SEE und BERG, den beiden jüngsten Kindern in der Familie. Pferde sind in der Schlacht von großem Wert, aber genau wie die jüngsten Kinder handeln sie nicht unabhängig, sondern bedürfen der Führung.

Die *Türme* sind mit HIMMEL und ERDE, Vater und Mutter, verbunden. Wie die Eltern innerhalb der Familie, stellen sie die Säulen dar, auf denen das ganze System ruht.

HIMMEL und ERDE nähern sich einander durch SEE und BERG. Daher haben die weißen *Bauern* den SEE, die schwarzen *Bauern* den BERG als ihr jeweiliges Symbol. Sie sind die Vorhut ihrer Armee, aber genau wie die Springer, die ebenfalls durch SEE und BERG symbolisiert sind, bedürfen sie

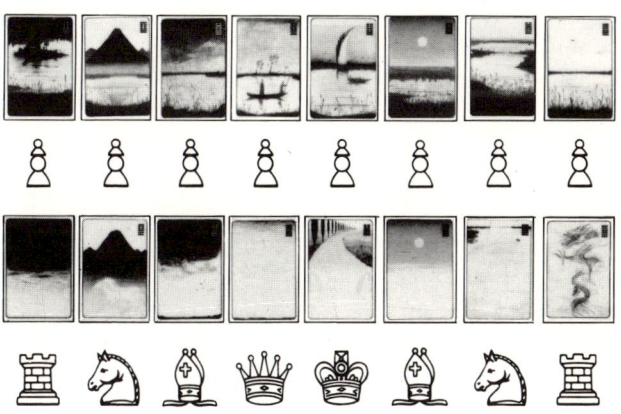

einer Führung. Sie handeln auf Befehle, die von hinten gegeben werden und sind auch auf Unterstützung von hinten angewiesen.

Mit Hilfe des I Ging lassen sich nicht nur die Plätze der Schachfiguren erklären. Jedem Feld auf dem Schachbrett kommt auch ein ganz spezifischer strategischer Wert zu, wenn man es mit der entsprechenden Karte in der Viereckanordnung (Farbübersicht) in Beziehung setzt. Sie können dies überprüfen, indem Sie Ihre Schachfiguren auf der Farbübersicht (oder auf den in Viereranordnung ausgelegten Karten) aufstellen und zu spielen beginnen.

Schauen wir uns z. B. einmal die ersten Züge der spanischen Eröffnung an, die am häufigsten benutzt wird:

Erster Zug: e2–e4. Das Feld DONNER wird durch den vorrückenden Bauern besetzt. Sie werden sich erinnern, für die Chinesen geht vom Donner der Impuls aus, der *die Dinge in Bewegung* bringt. (vgl. Kapitel »Die acht Grundkarten«).

Schwarz erwidert mit e7–e5 und besetzt damit das Feld DAUER, was auch »Dauerhafte Ehe« bedeutet: dem angreifenden männlichen Prinzip kommt das weibliche Prinzip sanft entgegen.

Zweiter Zug: Springer g1–f3; er besetzt das Feld FEUER.

Schwarz im Gegenzug: Springer b8–c6; er besetzt das Feld WASSER, und so weiter.

Für Anfänger wie auch für fortgeschrittene Schachspieler eröffnen die I-Ging-Bilderkarten eine ganz neue Dimension. Abstrakte Funktionen können nun mit Bildern kombiniert werden, Logik mit Intuition, Strategie mit Betrachtung, und so entsteht ein harmonisches Ganzes. Ein Schachspieler, der beide Arten von Zugang beherrscht, wird nicht nur mit größerer Bewußtheit (und vielleicht auch erfolgreicher) Schach spielen, sondern auch seinen persönlichen Zugang zum Buch der Wandlungen finden.

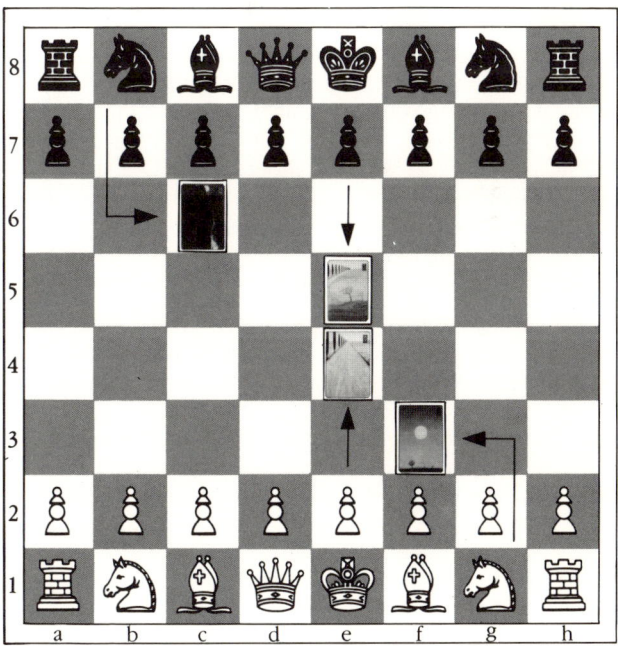

Weitere Spiel- und Übungsmöglichkeiten

Jeder, der sein Verständnis des I Ging vertiefen möchte, wird sich nicht damit zufriedengeben, stur immer dieselben Übungen zu wiederholen. Er wird die in diesem Buch angeführten Beispiele für sich abwandeln, ausweiten oder neu kombinieren, denn das Buch der Wandlungen bietet schier endlose Möglichkeiten, die eigene schöpferische Fantasie zu entwickeln.

Das Beispiel auf der gegenüberliegenden Seite zeigt, wie man ein vorgegebenes Beispiel weiterentwickeln kann: hier wird zu der Übung »Partnerschaft« (vgl. Kapitel »Ich und meine Umgebung«) eine zweite Ebene eingeführt. Jeder Partner wählt nicht nur eine persönliche Karte für sich selbst, sondern auch für den anderen aus. Die sich daraus ergebenden vier Kombinationskartenpaare (das erste, FEUER/BERG und BERG/FEUER ist in der Abbildung weggelassen) zeigen jeweils zwei Sichtweisen: wie jeder Partner sich selbst sieht und wie er vom anderen gesehen wird.

Außer Schach können auch andere Brettspiele wie Dame, Reversi oder das chinesische Schachspiel Xiangqi mit I Ging gespielt werden. Natürlich kann auch ein völlig neues Spiel erfunden werden, so z. B. ein Spiel, bei dem die Spieler würfeln und ihre Figuren entsprechend der Punktezahl auf der Viereckanordnung bewegen. Dabei wird jeweils die Bedeutung des Feldes erörtert, auf das man gelangt ist, und diese Bedeutung bestimmt auch, was der Spieler nun zu tun hat. Man kann sich auch Rollenspiele ausdenken, wobei die acht Grundfunktionen die Gesamtmenge der Rollen darstellen, aus denen man auswählen kann.

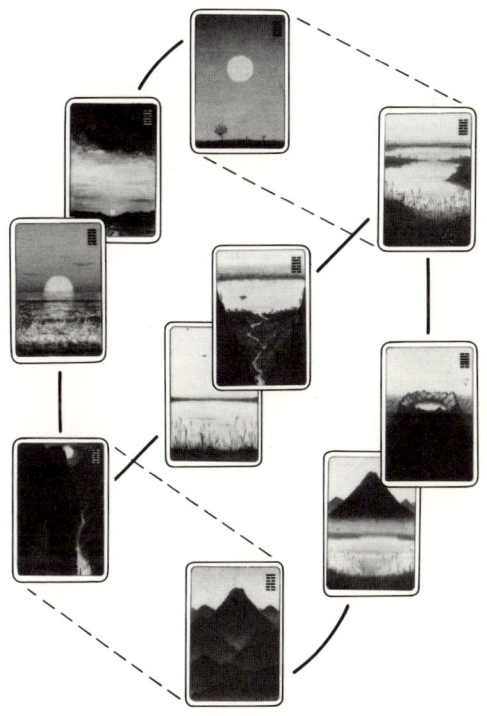

DIE 64 KOMBINATIONS-KARTEN

im Überblick

Es folgt nun eine kurze Beschreibung der 64 Kombinations-karten. Die erste Information betrifft das Wechselspiel zwischen den beiden Grundkräften, die das Hexagramm bilden, sowie die Bedeutung, die sich daraus ergibt. Der zweite Teil enthält einen allgemeinen Rat, wie man mit dieser bestimmten Situation umgehen soll.

Natürlich können hier nur die wichtigsten Punkte genannt werden. Ausgehend von dieser Grundlage werden Ihre eigenen Gedanken, Assoziationen und Schlußfolgerungen in Ihre Interpretationen einfließen, so daß Sie mit der Zeit eine ganz persönliche Beziehung zu jeder Karte entwickeln. Die Spiel- und Übungsanleitungen im ersten Teil des Buches sollen Ihnen helfen, Ihren eigenen Zugang zu finden. Und noch etwas: Haben Sie Geduld mit sich – das I Ging kennt keine Eile.

HIMMEL/ERDE   *Das Schöpferische*

Wiederholter HIMMEL. Fortgesetztes Wirken der höheren Mächte und des edlen Menschen.

Gehen Sie ruhig und unbeirrbar Ihren Weg. Wer so im Einklang mit dem machtvollen schöpferischen Urprinzip handelt, dem ist der Erfolg gewiß.

HIMMEL/SEE   *Der Durchbruch*

Die Kraft des HIMMELS hat sich im SEE gestaut. Es kommt zum Durchbruch.

Verhelfen Sie dem Guten zum Erfolg. Bleiben Sie selbstkritisch, innen stark und nach außen freundlich. Erzwingen Sie nichts; Ihre Haltung sollte fest, aber offen sein.

HIMMEL/FEUER   *Der Besitz von Großem*

Was der HIMMEL den Menschen schenkt, wird sichtbar im Schein des FEUERS.

Fördern Sie das Gute und verhindern Sie Böses. Ein solches Bemühen, begleitet von Bescheidenheit und Klarheit, ist im Einklang mit dem Gesetz des Himmels und führt zu großem Erfolg.

HIMMEL/DONNER   *Die Macht des Starken*

Die Kraft des HIMMELS geht über in BEWEGUNG und breitet sich aus.

Der Weg ist frei. Wer mit innerer Stärke und einem feinen Gespür für das Rechte voranschreitet, wird nicht vom Weg abkommen.

HIMMEL/WIND

Zähmung durch das Schwache

Die aufwärtsstrebende Kraft des HIMMELS wird von der sanften Kraft des WINDES gehemmt.

Vorübergehend dominiert das Schwache über das Starke. Dies geschieht durch Sanftheit und die Fähigkeit zur Anpassung. Die Zeit für energisches Handeln ist noch nicht da. Daher ist es ratsam, Zurückhaltung zu üben.

HIMMEL/WASSER

Das Warten

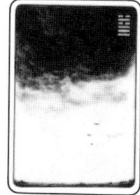

Der aufwärtsstrebenden Kraft des HIMMELS droht GEFAHR in Form von Regenwolken.

Sammeln Sie in aller Ruhe Ihre Kräfte und warten Sie, bis sich das Schicksal erfüllt. Sorgen Sie sich nicht und nehmen Sie alles so, wie es kommt. Wenn man sich nicht selbst betrügt, ist der Weg klar erkennbar. Stärken Sie Leib und Seele. Beharrlichkeit führt zu Erfolg.

HIMMEL/BERG

Zähmung durch das Starke

Die Kraft des HIMMELS wird durch das Stillhalten des BERGES im Zaum gehalten.

Gesammelte Kraft läßt Sie große Dinge vollbringen. Sorgen Sie dafür, daß diese Dinge nach außen wirksam werden und seien Sie bereit, wichtige Entscheidungen zu treffen. Erforschen Sie die Vergangenheit und lernen Sie daraus.

HIMMEL/ERDE

Der Friede

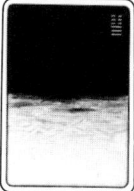

Die Kraft des HIMMELS strebt nach oben, die der ERDE nach unten. Daraus entsteht fruchtbare Vereinigung.

Widersprüche vereinigen sich in Harmonie. Die Starken helfen den Schwachen. Sorgen Sie dafür, daß diese günstigen Umstände Früchte tragen.

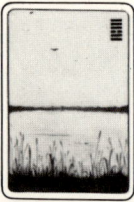

SEE/HIMMEL

Das Auftreten

Der SEE steigt zum HIMMEL empor. Die Schwachen gehen auf die Starken zu.

Wenn die Schwachen mutig, aber mit Respekt und ohne böse Absicht vorgehen, werden die Starken nicht provoziert. Erkennen Sie die wahre, innere Natur eines Menschen und lassen Sie sich nicht von äußeren Rangunterschieden beeindrucken.

SEE/SEE

Die Heiterkeit

Zwei SEEN stehen miteinander in Verbindung, so daß jeder vom anderen gespeist wird.

Tun Sie sich mit Gleichgesinnten zusammen zum Erfahrungsaustausch. Seien Sie innen stark und fest, nach außen freundlich und heiter. Beharrlichkeit führt zum Erfolg.

SEE/FEUER

Der Gegensatz

Die Kühle des SEES trifft auf die Hitze der SONNE. Zwei Schwestern leben unter dem gleichen Dach, haben aber entgegengesetzte Interessen.

Die Menschen mögen dieselben Ziele haben, aber ihre Wege dorthin sind verschieden. Persönliche Interessen werden betont, dahinter treten die Ähnlichkeiten mit anderen zurück. Nur kleine Vorhaben können verwirklicht werden.

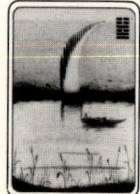

SEE/DONNER

Das heiratende Mädchen

Der SEE nähert sich dem DONNER. Die junge Frau folgt dem älteren Mann in sein Haus.

Die Lage ist ungewiß, ein Ende ist jederzeit möglich. Passen Sie sich der Lage mit Takt und Bescheidenheit an. Stürzen Sie sich auf keinen Fall in neue Unternehmungen.

SEE/WIND   *Das Vertrauen*

Der WIND weht über den SEE. Das Heitere begegnet dem Sanften.

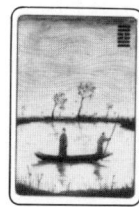

Gehen Sie fröhlich und sanft auf die Menschen und Dinge zu.
Erkennen Sie deren wahre, innere Natur und erwerben Sie ihr
Vertrauen. Wichtige Entscheidungen können getroffen werden.
Ausdauer führt zu Erfolg.

SEE/WASSER   *Das Maß*

*Das WASSER füllt den SEE. Der Mund spricht, das Ohr hört. Weder
der See noch das Ohr können unbegrenzt in sich aufnehmen.*

Unternehmen Sie so viel wie Sie meistern können, aber auch nicht
weniger. Das rechte Maß führt zu Erfolg.

SEE/BERG   *Die Verminderung*

*Der SEE löst sich auf in Dunst. Der Dunst steigt empor und verhüllt
den BERG. So werden beide geschwächt.*

Es ist die Zeit des Einfacherwerdens, der Armut. Äußere Schlicht-
heit ist keine Schande, wenn innere Substanz vorhanden ist. Bauen
Sie niedere Gefühle ab und setzen Sie Ihre Energien für Höheres ein.

SEE/ERDE   *Die Annäherung*

*Der SEE wendet sich der ERDE zu, die Vertiefung strebt zur innersten
Mitte. Die jüngste Tochter nähert sich Ihrem Ursprung, der Mutter.*

Nehmen Sie die Dinge in die Hand. Beharrlichkeit führt zu Erfolg.
Gehen Sie rasch und mit großer Achtsamkeit vor, die Verhältnisse
könnten sich nämlich bald ändern.

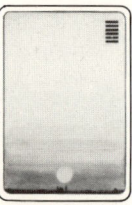

FEUER/HIMMEL

Die Gemeinschaft

Das FEUER strebt zum HIMMEL empor. Die Sonne spendet Leben und ist ohne Unterschied für alle Geschöpfe da.

Innen herrscht Klarheit, außen Stärke. Meinungsverschiedenheiten zwischen Menschen können durch Offenlegung überwunden werden. Gute Partnerschaft bedarf der gemeinsamen Ziele. Neue Unternehmungen werden verwirklicht, große Taten gelingen. Beharrlichkeit führt zu Erfolg.

FEUER/SEE

Die Revolution

FEUER und SEE liegen im Streit, ihre Interessen sind gegeneinander gerichtet.

Wählen Sie durch sorgfältiges Beobachten der Ereignisse den richtigen Augenblick, um zu handeln und die Grundlage für große Neuerungen zu schaffen. Beharrlichkeit führt zu Erfolg.

FEUER/FEUER

Das Anhaften

Zweimal FEUER. Das Licht wird vom Menschen aufgenommen und weiterverbreitet.

Kein Mensch ist ohne Abhängigkeiten, jeder haftet an etwas wie das Licht. Erkennen und akzeptieren Sie diese Abhängigkeit. Es ist wichtig zu dienen, um nicht anmaßend zu werden.

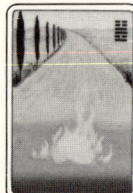

FEUER/DONNER

Der Reichtum

Das FEUER trifft auf den DONNER und breitet sich aus. Seine Wärme läßt alle Dinge erblühen.

Verfehlungen sollten jetzt klar beleuchtet und streng geahndet werden. Nur die wirklich Starken erfreuen sich einer Zeit des Gedeihens. Der Niedergang kommt später, doch sorgen Sie sich nicht darum. Erfreuen Sie sich Ihres Reichtums und teilen Sie ihn mit anderen.

FEUER/WIND   *Die Familie*

Das FEUER erzeugt Wärme, der WIND verbreitet sie. So kommt sie vielen Menschen zugute.

Die Familie prägt den Charakter eines Menschen. Sie lehrt ihn den Umgang mit anderen. Beharrlichkeit und geordnete Verhältnisse führen zu Erfolg, der Zerfall der Familie führt zum Niedergang der Gesellschaft. Dabei kommt der Frau als dem Mittelpunkt der Familie eine besondere Verantwortung zu.

FEUER/WASSER   *Nach der Vollendung*

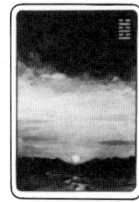

Die SONNE geht unter. Dunkelheit und REGEN nahen, der Tag neigt sich dem Ende zu.

Etwas ist vollbracht, der Kreis hat sich geschlossen. Sie können zufrieden sein; doch bleiben Sie wachsam, sonst könnte alles im letzten Augenblick zunichte werden. Nur kleine Unternehmungen haben jetzt Aussicht auf Erfolg.

FEUER/BERG   *Die Schönheit*

Das FEUER erleuchtet den BERG. Innen Klarheit und Stärke, außen Stille und ruhig-heitere Schönheit.

Anmut schmückt und ziert, ist aber oft »zu schön um wahr zu sein«. Treffen Sie jetzt keine wichtigen Entscheidungen, denn sie bedürfen einer realistischeren Grundlage. Erfolg ist möglich in kleinen Dingen.

FEUER/ERDE   *Die Verfinsterung*

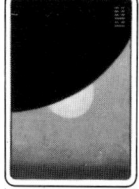

Das LICHT wird durch die ERDE geschwächt oder sogar ganz verdeckt.

Es ist eine Zeit der Finsternis und der Not. Bewahren Sie im Inneren Klarheit und Stärke, doch zeigen Sie sich nach außen nachgiebig. So bewahren Sie auch in schwierigen Zeiten Ihre wahre Natur.

DONNER/HIMMEL

Die Unschuld

Der DONNER erhebt sich zum HIMMEL. Der älteste Sohn ist zwar nach außen ein Mann, doch dem Vater gegenüber ist er noch Kind.

Handeln Sie instinktiv. Jeder Gedanke an persönlichen Gewinn läßt Sie Ihre Unschuld verlieren, und Unheil folgt auf dem Fuße.

DONNER/SEE

Die Übergabe

Die heftige Bewegung des DONNERS geht über in das muntere Plätschern des SEES. Sie beruhigt sich und sammelt neue Kraft.

Es ist eine Zeit der Ruhe und Erlösung. Wer die Nachfolge einer Situation übernimmt, gewöhnt sich ein. Beginnen Sie Ihr Werk fröhlich, mit Überzeugung und gutem Willen. Beharrlichkeit führt zu Erfolg.

DONNER/FEUER

Das Durchbeißen

DONNER und BLITZ treffen aufeinander und spalten alles, was sich ihnen entgegenstellt.

Ein Hindernis muß überwunden werden, heikle Angelegenheiten müssen geklärt werden. Nennen Sie die Fehler und die Schuldigen beim Namen. Seien Sie fair im Urteil und führen Sie Beschlüsse unnachgiebig durch. Der Erfolg ist gewiß.

DONNER/DONNER

Die Erschütterung

Wiederholter DONNER. Eine Erschütterung bringt zunächst Erschrecken, dann aber breitet sich die Kraft aus und erzeugt »gute« Schwingungen.

Machtvolle Bewegung. Lassen Sie sich durch anfängliche Furcht nicht beirren, sondern begegnen Sie der gewaltigen Kraft mit Respekt und Fassung. Gehen Sie nach innen und bringen Sie Ordnung in Ihr Leben.

DONNER/WIND   *Die Mehrung*

Die Heftigkeit des DONNERS wird vom WIND aufgenommen, verstärkt und verbreitet.

Richten Sie sich nach dem Guten und geben Sie schlechte Gewohnheiten auf. Treffen Sie wichtige Entscheidungen und beginnen Sie neue Unternehmungen.

DONNER/WASSER   *Die Anfangsschwierigkeit*

Die Bewegung des DONNERS führt in die GEFAHR.

Bevor man eine schwierige Aufgabe angeht, muß man sich gut vorbereiten und allem seinen rechten Platz geben. Verhalten Sie sich abwartend und holen Sie sich Hilfe. Beharrlichkeit führt zu Erfolg.

DONNER/BERG   *Der Mund*

Die Bewegung des DONNERS wird von der Ruhe des BERGES verschluckt.

Üben Sie Zurückhaltung in Ihren Worten (die Ihren Mund verlassen) und im Essen und Trinken (Energie, die durch den Mund eingeht). Beharrlichkeit führt zu Erfolg.

DONNER/ERDE   *Die Wende*

Der DONNER hat sich zu seinem Ursprung, tief in die ERDE zurückgezogen. Nun beginnt er wieder emporzudringen.

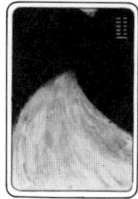

Das Alte kommt zur Ruhe, das Neue beginnt sich zu regen. Die neue Kraft bedarf aber noch des Schutzes, und sie braucht Zeit, um stark zu werden. Neue Freunde können helfen. (Dies ist die letzte Karte der ersten Hälfte.)

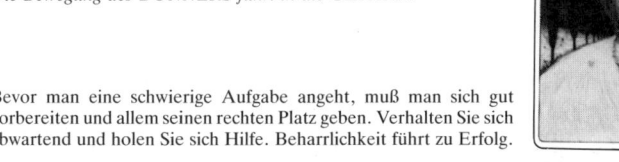

WIND/HIMMEL   *Das Entgegenkommen*

Der WIND steigt zum HIMMEL auf. Die älteste Tochter nähert sich dem Vater, Frauen nähern sich den Männern, das Volk nähert sich dem Herrscher.

Zwei verwandte, aber ungleiche Kräfte. Die Schwachen nähern sich den Starken. Eine günstige Gelegenheit, eine heikle Maßnahme zur Ausführung zu bringen. Vorsicht ist geboten, gehen Sie keine Verpflichtung ein.

WIND/SEE   *Die Übermacht*

Die BÄUME sind unter dem SEE. Der See hat seine Ufer übertreten und alles überschwemmt.

Das Mächtige beherrscht alles, und die Lage wird brenzlig. Große Veränderungen stehen bevor, seien Sie bereit und vertrauen Sie sich selbst. Handeln Sie ohne zu zögern, sanft und gelassen.

WIND/FEUER   *Das Opfer*

HOLZ und WIND nähren das FEUER. Das Sichtbare steigt auf ins Unsichtbare. Das Opfergefäß steht auf dem Feuer.

Geben Sie etwas auf, das Ihnen lieb ist, um es einem höheren Zweck zu opfern. Durch Unterordnung finden Sie Ihre Stellung im Leben und erkennen Ihr Schicksal. Der Erfolg wird sich einstellen.

WIND/DONNER   *Die Dauer*

WIND und DONNER, Unterordnung und Durchdringung vereinigen sich. Das Weibliche ist innen und unten, das Männliche außen und oben. Eine langlebige Verbindung, die »wahre Ehe«.

Dauer bedeutet Entwicklung, nicht Stagnation. Um sich zu entwikkeln, braucht man Raum. Doch ist es wichtig, das Ziel stets vor Augen zu haben, um sich nicht zu verlieren.

WIND/WIND

Sanftes Eindringen

Der WIND trifft auf WIND. Er ist sanft, aber eindringlich und beharrlich.

Sanfte Beharrlichkeit in Worten und Taten führt zu Erfolg. Bevor Sie einen Weg beschreiten, holen Sie Rat ein und erkunden Sie ihn gründlich.

WIND/WASSER

Der Brunnen

Das HOLZ zieht das lebensspendende WASSER aus der Erde hoch und verteilt es in alle Richtungen.

Gehen Sie den Dingen auf den Grund. Wirken Sie zum Wohle aller und helfen Sie anderen. Gehen Sie vorsichtig vor, denn der Eimer, mit dem Sie das Wasser heraufholen, ist zerbrechlich.

WIND/BERG

Die Erneuerung

Der WIND stößt gegen den BERG und verliert an Kraft. Die Entwicklung stagniert und muß neu belebt werden.

Finden Sie die Ursache der Schwierigkeiten heraus und überwinden Sie sie. Dann gibt es gute Aussicht auf Erfolg. Wachen Sie auf und rüsten Sie sich für einen entscheidenden Schritt.

WIND/ERDE

Das Empordringen

Das HOLZ durchdringt die ERDE. Eine neue Pflanze hat Wurzeln geschlagen.

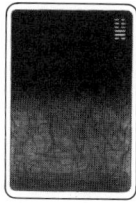

Nur durch harte Kleinarbeit lassen sich die Grundlagen für Großes schaffen. Holen Sie Rat ein, doch haben Sie Vertrauen in sich. Behalten Sie sowohl den Weg als auch das Ziel im Auge. Der Erfolg ist gewiß.

WASSER/HIMMEL — Der Streit

Das WASSER strebt nach unten, der HIMMEL nach oben. Vater und Sohn haben verschiedene Ansichten.

Streit entsteht, wenn jede Seite glaubt, allein im Recht zu sein. Unternehmen Sie jetzt keine wichtigen Schritte und versuchen Sie auch nicht, Ihre Aufgabe jetzt zu Ende zu führen. Halten Sie inne und holen Sie Rat ein.

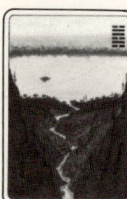

WASSER/SEE — Die Erschöpfung

Vor dem SEE tut sich der ABGRUND auf. Not vor der Freude und Befreiung.

Kurz vor dem Ziel muß ein Engpaß bewältigt werden. Nehmen Sie Ihren ganzen Willen zusammen. Große Worte helfen nicht, niemand schenkt ihnen Glauben. Beharrlichkeit führt zu Erfolg.

WASSER/FEUER — Vor der Vollendung

Die SONNE erhebt sich über dem WASSER. Die Verdunstung wird den Kreislauf zu Ende bringen.

Eine heikle Lage verlangt äußerste Vorsicht. Jeder Fehler hätte katastrophale Folgen. Machen Sie sich sorgfältig ein Bild von den Verhältnissen.

WASSER/DONNER — Die Erleichterung

Mühsames Vorankommen inmitten von GEFAHR, gefolgt von rascher BEWEGUNG. Die Bahn ist frei.

Ein neuer Anfang. Verzeihen Sie sich selbst und anderen ihre Fehler. Erledigen Sie rasch, was noch zu erledigen ist. Nach der Befreiung sollten Sie nicht stürmisch davoneilen, sondern in geordnete Verhältnisse zurückkehren.

WASSER/WIND   Die Auflösung

Der WIND streicht über das WASSER und kräuselt es. Die dunklen Seelenkräfte werden licht und sanft.

Egoismus löst sich auf und wird einem gemeinsamen Ziel geopfert. Die Menschen haben gemeinsame Interessen und werden dadurch geeint. Jetzt ist der Zeitpunkt, um wichtige Entscheidungen zu treffen. Erfolg durch Beharrlichkeit.

WASSER/WASSER   Der Abgrund

Wiederholtes WASSER. Es fließt, ohne sich aufhalten zu lassen und schreckt vor keinem Abgrund zurück. Wohl ändert es seine Form, aber nicht seinen Charakter.

Die Lage ist gefährlich. Seien Sie wie das Wasser: Wahrhaftig sich selbst gegenüber; bleiben Sie nicht stehen und haben Sie keine Angst. Verhalten Sie sich konsequent.

WASSER/BERG   Die Jugendtorheit

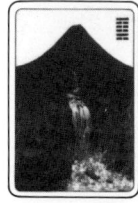

Das WASSER sprudelt aus der Quelle hervor und entfernt sich scheinbar vom BERG. Es ahnt noch nicht, daß am Ende seiner Reise wieder die Ruhe wartet.

Viel Kraft, aber wenig Erfahrung. Erkennen Sie Ihre Lage und suchen Sie sich einen Lehrer. Es bedarf klarer Anweisungen. Vermeiden Sie unnütze Fragen. Beharrlichkeit führt zu Erfolg.

WASSER/ERDE   Das Heer

Das WASSER ist in der ERDE verborgen. Innen verbirgt sich Gefahr, außen herrscht Disziplin.

Organisation und Disziplin sind jetzt am wichtigsten. Ein starker Anführer bietet dafür Gewähr, doch nur, wenn er in der Lage ist, gute Beziehungen zu seinen Untergebenen zu unterhalten. Beharrlichkeit führt zu Erfolg.

BERG/HIMMEL
Der Rückzug

Der BERG erhebt sich in einsame Höhen, über ihm ist nur noch die Leere des HIMMELS.

Niedriges gewinnt an Boden, der Edle zieht sich mit Würde zurück. Er spürt keinen Haß, denn er ist über unwürdige Gefühlsregungen erhaben.

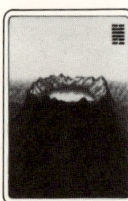

BERG/SEE
Die Werbung

Der BERG trägt den SEE. Der Mann wirbt um das Mädchen.

Seien Sie empfänglich und helfen Sie anderen; bleiben Sie aber standhaft und lassen Sie sich nicht verführen. Beharrlichkeit führt zu Erfolg.

BERG/FEUER
Der Fremde

Der BERG steht da, bewegungslos. Die SONNE über ihm wandert fort.

Man ist ganz allein, ohne ein festes Zuhause und ohne einen Kreis von Freunden, die helfen könnten. Innere Stärke und Bescheidenheit nach außen führen zu Erfolg.

BERG/DONNER
Die Macht des Schwachen

Machtvoller DONNER bricht aus dem schweigsamen BERG hervor.

Das Kleine vermag Großes. Seien Sie nicht übertrieben ehrgeizig, lassen Sie Vorsicht walten. Geben Sie sich mit kleinen Erfolgen zufrieden.

BERG/WIND · *Die allmähliche Entwicklung*

Auf dem BERG wächst ein BAUM. Ruhe bewirkt allmähliche Entwicklung und organisches Wachstum.

Schaffen Sie geordnete Verhältnisse. Sie sind die notwendige Basis für jede Zusammenarbeit. Dringen Sie aber allmählich und stetig weiter vor. Ein Mangel an Beharrlichkeit könnte zum Stillstand führen.

BERG/WASSER · *Das Hemmnis*

REGEN und DUNKELHEIT stehen über dem BERG. Stillstand angesichts der Gefahr.

Die Lage ist schwierig. Handeln Sie nicht, sondern passen Sie sich den Umständen an, während Sie Ihr Ziel im Auge behalten. Gehen Sie in sich und suchen Sie dort nach dem Fehler. Holen Sie Rat ein.

BERG/BERG · *Das Stillhalten*

BERG über BERG. Überall kehrt Ruhe ein.

Sammeln Sie frische Kräfte durch Ausruhen. Lenken Sie Ihre Gedanken nach innen, weg von materiellen Angelegenheiten. Wo es inneren Frieden gibt, ist kein Fehler möglich.

BERG/ERDE · *Die Bescheidenheit*

Der BERG trägt die ERDE. Was hoch ist, wird niedrig; was niedrig ist, wird erhöht.

Führen Sie Ihr Werk in Bescheidenheit zu Ende, erwarten Sie keinen Ruhm. Wiegen Sie die Dinge gegeneinander ab und bringen Sie sie untereinander ins Gleichgewicht. Erfolg ist gewiß.

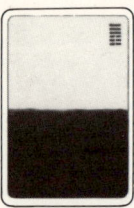

ERDE/HIMMEL   *Die Stockung*

Die ERDE strebt nach unten, der HIMMEL nach oben. Sie trennen sich und wirken nicht mehr zusammen.

Das Gute ist auf dem Rückzug, Widrigkeiten sind im Anmarsch. Ziehen Sie sich auf Ihr Innerstes zurück. Lassen Sie sich unter keinen Umständen dazu verlocken, sich im äußeren Leben an einer Sache zu beteiligen. So werden Schwierigkeiten vermieden.

ERDE/SEE   *Die Sammlung*

Das Wasser sammelt sich auf der ERDE und bildet einen SEE.

Wo sich Menschen oder Dinge versammeln, kann vieles geschehen. Beginnen Sie neue Unternehmungen, doch seien Sie auf unvorhersehbare Entwicklungen vorbereitet. Bringen Sie Opfer, holen Sie Rat ein. Beharrlichkeit führt zu Erfolg.

ERDE/FEUER   *Der Fortschritt*

Die SONNE wandert über die ERDE und spendet Wärme und Fruchtbarkeit.

Rascher, müheloser Fortschritt. Stärke wird reichlich belohnt, wenn sie auf Vertrauen beruht und nicht mißbraucht wird.

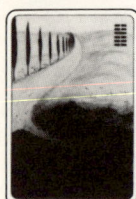

ERDE/DONNER   *Die Begeisterung*

Der DONNER bricht aus der ERDE hervor und erweckt neues Leben wie im Frühjahr.

Sammeln Sie Helfer und zeigen Sie Ihre Macht. Scheuen Sie keine Auseinandersetzungen. Besinnen Sie sich auf Ihren Glauben und Ihren Ursprung.

ERDE/WIND   *Die Betrachtung*

Der WIND weht über die ERDE und streichelt sie sanft.

Wenn Sie die Welt um sich herum in Ruhe betrachten, lassen sich
Wege und Möglichkeiten erkennen, wie Menschen und Ereignisse zu
beeinflussen sind. Unternehmen Sie Reisen und besuchen Sie Menschen. Gehen Sie anderen mit gutem Beispiel voran.

ERDE/WASSER   *Das Zusammenhalten*

WASSER strömt auf die ERDE und bildet dort ein Verbundsystem.

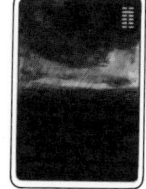

Die Menschen können zusammenhalten, wenn jeder einzelne sich als
Teil des Ganzen begreift. Erkennen Sie Ihre Funktion in der
Gesellschaft, prüfen Sie Ihre Ausdauer und innere Größe. Für die
Unsicheren und Zögernden könnte es zu spät sein.

ERDE/BERG   *Der Zusammenbruch*

*Wo sich die ERDE faltet, entsteht ein BERG. Der Untergrund ist nicht
stabil und kann jederzeit zusammenbrechen.*

Die Lage ist heikel. Nur durch Geschenke an die Niederen kann das
Höherstehende sein Gleichgewicht wiederherstellen und weiterle-
ben. Starten Sie keine neuen Unternehmungen.

ERDE/ERDE   *Das Empfangende*

*Die ERDE ist weit. Sie trägt geduldig Gutes und Schlechtes, sie hat
Raum für alles und jedes.*

Preschen Sie nicht nach vorn, sondern lassen Sie zu, daß Sie geführt
werden. Nehmen Sie Hilfe bei Ihrer Arbeit an, doch Verhandlungen
mit Vorgesetzten sollten Sie allein führen. Beharrlichkeit ist eine
Verbindung von Stärke und Hingabe und führt zum Erfolg.

I-Ging-Literatur bei Diederichs

Die Standardausgabe mit allen Kommentaren

I Ging, Das Buch der Wandlungen

Aus dem Chinesischen übersetzt und erläutert von Richard Wilhelm
644 Seiten, Leinen

Die handliche Originalausgabe in einem Band.

Das I Ging in der Westentasche

I Ging, Text und Materialien
352 Seiten, kartoniert (DG 1)
Die meistverkaufte Ausgabe.

Wie befrage ich das I Ging

R. L. Wing, *Das Arbeitsbuch zum I Ging*

176 Seiten mit zahlr. Kalligraphien, Holzschnitten und Schautafeln

Sämtliche Orakeltexte in verständlicher, zeitgemäßer Sprache; die brauchbarste Anleitung zur Technik des Münzwurfs.

Praktische Interpretationshilfen

Carol Anthony, *Handbuch zum klassischen I Ging*

448 Seiten, Leinen

Psychologische Interpretationshilfen zur klassischen I-Ging-Ausgabe von Richard Wilhelm.

Die Bilder und grundlegenden Begriffe

Hellmut Wilhelm, *Sinn des I Ging*

224 Seiten, kartoniert (DG 12)

Studien des besten I-Ging-Kenners unserer Zeit.

Das I Ging und die Lebensrhythmen

Frank Fiedeler, *Die Monde des I Ging. Symbolschöpfung und Evolution im Buch der Wandlungen*

320 Seiten, kartoniert (DG 72)

Astrologie des I Ging. Nach dem Ho Lo Li Schu hg. von Wen Kuan Chu und W. A. Sherrill

520 Seiten, kartoniert (DG 65)

Das I Ging auf die eigenen Geburtsdaten bezogen und nach chinesischem Verständnis gedeutet.

Wie andere das Buch für sich entdeckt und genutzt haben

Erfahrungen mit dem I Ging. Vom kreativen Umgang mit dem Buch der Wandlungen. Hg. von Ulf Diederichs

272 Seiten, kartoniert (DG 51)

C. G. Jung, Hermann Hesse und viele andere bekannte und weniger bekannte Persönlichkeiten.